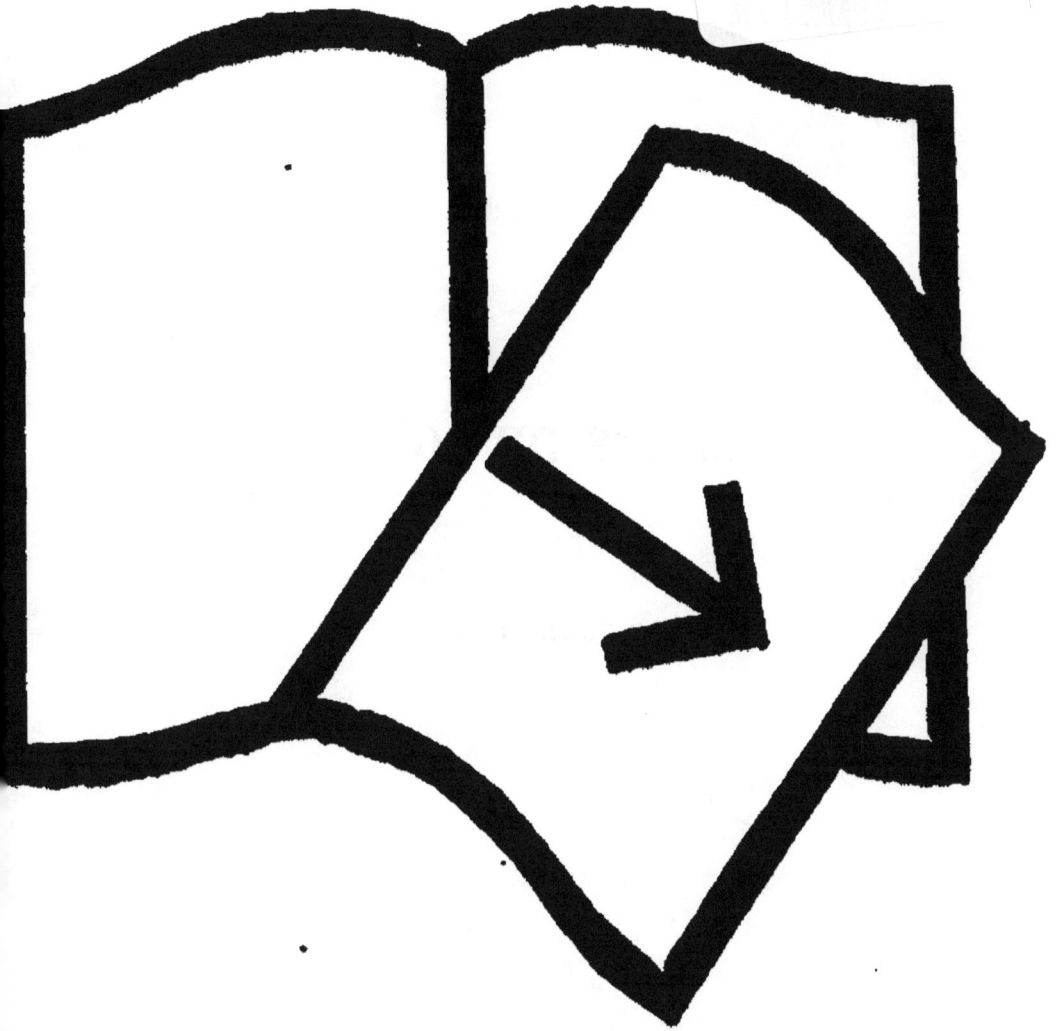

Couvertures supérieure et inférieure
manquantes

# SOUVENIRS DE CORSE

---

4ᵉ SÉRIE GRAND IN-8°

Napoléon.

# SOUVENIRS

# DE CORSE

PAR

Mme J. BEAULIEU-DELBET

TOURS

ALFRED MAME ET FILS, ÉDITEURS

—

N DCCC XCVII

A

## MES ENFANTS CHÉRIS

## JULIEN ET ALINE

————

C'est à vous deux que je dédie ces pages de souvenirs. Puissent-elles vous rappeler, quand plus tard les hasards de la vie vous auront éloignés de l'égide maternelle, que dans cette île bénie et hospitalière, si Dieu nous a cruellement atteints en nous enlevant une affection sainte, il a permis aussi que nous fussions accueillis et aimés. Sous ce ciel sans pareil, au milieu d'une nature prodigue et féconde, n'oubliez pas, enfants, que pour toujours nous avons des amis. Les mœurs sauvages, les vertus ainsi que les défauts primitifs que j'ai essayé de dépeindre intéresseront peut-être ceux qui ne connaissent pas la Corse; comme moi, dites-leur qu'ils doivent aimer sans crainte cette terre toute française.

# SOUVENIRS

# DE CORSE

16 avril 1890.

C'est d'un long cri d'admiration, d'un de ces cris partant de l'âme, qui fait vibrer d'une douce émotion l'être tout entier, que j'ai salué la terre sauvage, la fière île, que peu de gens ont visitée et appréciée.

Après une traversée fort mauvaise au passage des îles Sanguinaires, en rade d'Ajaccio, alors seulement je pus monter sur le pont. La tempête de la nuit s'était apaisée; sous l'influence d'une fraîche brise les vagues ondulaient autour du navire et frissonnaient doucement; un ciel tout bleu, la mer plus bleue encore, un soleil éblouissant dont les rayons d'or se jouaient dans les ondes illuminait royalement Ajaccio coquette et jolie, dont les blanches maisons s'abritent sous les palmiers et les orangers. Comme fond de tableau la montagne agreste et verdoyante; sur la mer au loin vaguement se dessinent les côtes de Sardaigne.

Sur le quai peu d'animation. On se sent je dirai presque dans une île fermée, et cependant l'hospitalité est légendaire; les mœurs sauvages de certaines contrées s'adoucissent en présence des rares étrangers qui visitent ce curieux pays où tout est réuni pour captiver l'intérêt. Dans les rues de la ville des bandes d'enfants, aux yeux noirs magnifiques, courent pieds nus et nous regardent curieusement.

La route d'Ajaccio à Sainte-Marie est ravissante. Près de la mer elle est bordée d'eucalyptus, de trembles et de palmiers; en gravissant les montagnes la végétation n'est plus la même, mais toujours d'une richesse inouïe, produisant des fleurs, des arbustes, des plantes qui m'étaient inconnues jusqu'alors. Elles ont une vigueur de coloris, elles exhalent des parfums âpres et troublants que je ne soupçonnais pas.

Au milieu d'un décor féerique nos quatre mules avancent au grand trot, faisant joyeusement sonner les grelots de leur harnachement. Nous sommes en plein maquis, au grand effroi de Julien, que ce seul mot fait frissonner : les susdits maquis sont peuplés de bandits, c'est le refuge impénétrable de ceux que nos lois bannissent; mais pour notre sécurité je suis tranquille; en Corse on ne tue que par vengeance, la fameuse vendetta; et je ne veux certainement aucun mal à ce brave peuple à qui je suis venue demander une hospitalité de quelques mois.

Le premier village que nous traversons est Cauro; le conducteur de la voiture annonce notre passage en soufflant à pleins poumons dans un cor de chasse à la grande joie de Julien et de Liline. C'est l'usage du pays : chaque véhicule fait connaître par une musique particulière son arrivée devant les endroits habités.

Il était huit heures du soir quand nous sommes arrivés devant Sainte-Marie, jolie petite ville en miniature; un quart d'heure après nous avions traversé le pont jeté sur un torrent au fond d'une gorge étroite et profonde, et nous étions à Siché, où nous avons trouvé l'accueil le plus franc, le plus cordial de nos excellents parents. Tous nous étions exténués de fatigue et nous avions grand besoin de repos; aujourd'hui, après une nuit de sommeil, j'ai pu voir et admirer. Je vais essayer de décrire les beautés dont la nature s'est plu à entourer ce petit coin perdu.

Siché compte à peine huit cents habitants. Les maisons ont un joli aspect, presque toutes sont à un ou deux étages; ce n'est donc pas un amas de chaumières noirâtres et crevassées comme il n'en manque pas dans bon nombre de villages du continent. Le granit et la pierre se trouvent à portée de qui veut les prendre pour construire, les chênes du maquis fournissent le bois nécessaire aux poutres et aux balustrades des balcons; pour avoir une jolie habitation il faut un peu d'argent, chose fort rare, et de l'activité, chose plus rare encore dans le doux pays du farniente.

A l'entrée du village, à gauche de la route, tout de suite après avoir dépassé le pont qui sépare Siché de Sainte-Marie, on voit une jolie petite construction à colonnes et portiques, surmontée d'une terrasse, c'est la fontaine publique; les femmes du pays vont y puiser de l'eau, qu'elles portent dans d'énormes cruches sur leur tête à la façon antique. La gendarmerie, où nous logeons, est adossée à un énorme rocher qui lui sert de soutien, en sorte que le rez-de-chaussée de ce côté forme le pre-

mier étage vu de la route. L'appartement du lieutenant
ouvre sur ce rocher par une porte-fenêtre donnant sur
un balcon de bois. Nos chambres sont situées à l'opposé,
dominant une large terrasse qui longe la grande route.
De mes fenêtres quelle vue admirable! Tout au fond un
horizon bleu sombre se confondant avec la voûte du ciel :
c'est la mer qui, vue dans ce lointain, peint à ravir cet
infini sans limites, ce bleu idéal, profond, ensoleillé où
l'imagination aime à rêver, à se perdre. Autour de nous
les montagnes ondulent vertes et fleuries, recouvertes de
maquis, fouillis inextricable de bruyères arborescentes,
de myrthes, de scythes, buissons aux larges fleurs roses
et blanches, gigantesque bouquet qui embaume l'air. A
gauche, les hauts sommets majestueux et couverts de
neiges éternelles. Çà et là les chênes verts, les oliviers,
les châtaigniers, les noyers au feuillage encore tendre
masquent la déclivité du terrain qui forme brusquement
un ravin profond au bas duquel coule un torrent limpide,
impétueux. De l'autre côté du ravin les sept ou huit maisons de Vico me font vis-à-vis; à droite, c'est Santa-Ma-
ria que nous avons traversé hier soir en diligence.

20 avril 1890.

J'ai eu aujourd'hui la joie de recevoir un volumineux
courrier. Ma mère, mes amis songent à la voyageuse; et
moi, malgré la mer, les montagnes et l'énorme distance
qui nous sépare, mon cœur ira souvent retrouver ceux
que j'ai laissés. Je suis tout à fait installée; Marie, ma
charmante belle-sœur, s'ingénie à me faire la vie douce

et facile. Ses quatre enfants sont des amours; la dernière surtout, Germaine, qui a neuf mois, est un bébé rose, potelé, riant toujours et ne sachant pas pleurer. Elle n'est pas encore baptisée; le parrain et la marraine ne pouvant faire le voyage enverront leurs procurations; mon mari et moi les remplacerons.

J'ai fait quelques promenades hier et avant-hier; toutes les femmes que nous rencontrions, jeunes ou vieilles, me sautaient au cou, m'embrassaient sur les deux joues, disant invariablement : « Enchantée de faire la connaissance. » C'est la phrase consacrée, beaucoup ne savent pas s'exprimer différemment en français; on parle ici un patois italien que je tâcherai d'apprendre. L'accueil de ces étrangers, de ces paysans inconnus hier, est si sympathique, qu'on se sent presque en famille.

24 avril 1800.

Décidément je me plais au milieu de ces vertes montagnes ; je ne puis les comparer aux paysages alpins et pyrénéens. Ceux-là sont uniques par la majesté de leurs proportions grandioses; mais je dirai que la Corse est un pays à part, que l'on a grand tort de ne point étudier. Nos vaillants et aventureux touristes s'en vont explorer le Tyrol, la Suisse, l'Italie, les contrées lointaines des tropiques, et bien peu songent qu'à deux pas du continent se trouve une île fortunée, bien française, dont les habitants vous accueillent avec une hospitalité et une cordialité légendaires; dans cette île ils trouveraient l'hiver un printemps délicieux, et l'été, en gravissant les hauteurs, les émotions toujours neuves que procure la découverte de points de vue magnifiques, de monts majestueux et superbes où se mêle la végétation brillante des tropiques avec celle des climats tempérés.

« Ce beau pays, dit M. Malte-Brun, mérite d'être visité, parcouru et étudié dans tous les sens. Il intéresse à tous les points de vue; l'imagination aussi bien que l'intelligence ne pourraient que se plaire dans cette île, remarquable tout à la fois par sa riche nature, par son histoire nationale et par le caractère original de ses habitants. »

Le caractère du Corse, autant que j'ai pu en juger jusqu'à ce jour, est extrêmement fier. Ils sont tous pauvres, très pauvres; mais avec leur teint basané, éclairé du feu de leurs yeux noirs qu'ombragent d'épais sourcils, les traits accentués, d'un aspect sombre et énergique, un feutre à larges bords posé sur leur chevelure noire, une veste de velours jetée négligemment sur l'épaule, une ceinture de laine rouge roulée autour de leur taille, ils ont l'air de nobles hidalgos. Les hommes passent les journées et une partie des nuits assis à l'ombre des grands chênes, causant et devisant ensemble, fumant des cigarettes et jouant aux cartes.

Est-ce par excès de fierté ou par paresse? les Corses ne travaillent pas; ils font bêcher leurs champs et cultiver leurs vignes par les Lucquois; on donne ce nom en général à une nuée d'Italiens qui, au nombre d'environ huit mille, s'abat tous les ans sur la Corse. Les propriétaires, trop pauvres pour payer l'ouvrier étranger, se servent de leurs femmes et de leurs filles: la femme ici, dans les campagnes, est la bête de somme; on considère comme très heureuses et prédestinées celles qui n'ont qu'à s'occuper de leur ménage. Aussi sont-elles vieilles et flétries avant l'âge. Dans certaines contrées elles servent respectueusement à table le maître de la maison, et prennent leurs repas seules et à part. Je vois ici, près de la caserne, la famille Pichetti, qui a une nichée d'enfants. Le fils aîné, à l'âge de dix-neuf ans, a tué dans une dispute un de ses camarades; après avoir séjourné dans le maquis comme bandit pendant quatre ans, la gendarmerie l'a atteint; en ce moment il purge cinq années de prison pour ce méfait. Le père Pichetti, en vertu de la vendetta transversale, qui consiste pour une famille atteinte ou lésée à se venger d'un meurtrier sur un de ses parents, reçut un beau jour, en traversant une vigne, la balle d'un fusil dans le bras droit; il est bien vêtu, fume et cause tout le jour avec ses amis. La mère, dont le visage est sillonné de rides, maigre, mais très vaillante, après avoir allaité son dernier-né, qu'elle laisse ainsi que plusieurs autres aux soins d'une jeune enfant de dix ans, part avec ses deux filles aînées, pieds nus, la pioche sur l'épaule, pour se livrer sous un soleil brûlant aux durs travaux champêtres. Elles ne se plaignent pas, les dignes créatures! c'est leur lot ici-bas; elles l'acceptent sans murmure, et lorsqu'elles rentrent le soir, ramenant leurs chèvres et leurs brebis, elles vous saluent en passant d'un gracieux *bon sera, Signora,* « bonsoir, Madame. » Je n'aurais pas, il me semble, leur résignation.

Les superstitions les plus incroyables, perpétuées de générations en générations, règnent ici. Il y a des sorcières entourées de la vénération respectueuse de tous et dans lesquelles les populations ont une foi aveugle. On donne et on enlève le mauvais œil comme en Italie.

Cette affabilité des Corses, qui jure avec leur physionomie farouche, une inviolable fidélité à la plus simple promesse, une reconnaissance sans bornes, un éloignement invincible pour les travaux des champs, une grande propension à la vie pastorale et à la chasse : tout dans leur caractère et dans leurs mœurs rappelle les hommes de l'antiquité. Il me semble, à me voir transportée ainsi du sein de la plus pure civilisation dans ces sauvages solitudes, au milieu de ces hommes primitifs, il me semble, dis-je, que, vivant dans un rêve, je vais voir défiler devant moi les héros des *Bucoliques* et du siècle d'Auguste. Mêmes mœurs, mêmes usages, même état de la nature, mêmes sites, mêmes arbres, mêmes paysages.

1er mai 1800.

Dimanche nous sommes allés faire une excursion à Grosseto-Prugna, joli petit village situé à trois kilomètre de Sainte-Marie. Pour y parvenir on suit une route facile, bordée de hautes fougères ; elle contourne la montagne, laissant à gauche la petite église paroissiale de Sainte-Marie, bâtie, comme presque partout en Corse, à une certaine distance du pays ; on traverse ensuite un pont jeté sur un torrent, et nous arrivons à une délicieuse vallée, au milieu de laquelle les blanches maisons de Grosseto-Prugna se détachent parmi les grands chênes et les châtaigniers, comme des pâquerettes dans une verte prairie.

Il y a là un champ de courses, tout comme à Long-

champs, et, deux ou trois fois par an, les élégantes Corses,
un foulard aux couleurs éclatantes plié en fichu et noué
sous le menton, les autres, moins nombreuses, qui ont
adopté les modes du continent, se pressent en foule pour
admirer les jockeys aux casquettes et vestes bariolées. La
première course aura lieu dans quinze jours ; je n'aurai
garde d'y manquer.

Julien et Liline, ainsi que leurs cousins, ont parfaitement supporté la fatigue de cette promenade, un peu
longue pour leurs petites jambes.

Au retour le soleil était plus bas à l'horizon ; ses rayons
caressants pénétraient sous l'épaisseur des branches, où
les oiseaux chantaient à pleine voix le joyeux hymne qui
précède leur repos. Nous avons fait une ample provision
d'asperges sauvages qui poussent dans les buissons,
enchevêtrant leurs tiges longues et flexibles dans le pittoresque fouillis de haies vives qui bordent le chemin.

8 mai 1890.

En mettant le pied en Corse on songe de suite au banditisme. J'ai étudié cette question passionnante, et j'en
suis arrivée à conclure que les bandits, — non pas tous,
il y a évidemment des exceptions, mais beaucoup, — sont
de pauvres gens, victimes du préjugé national ; ils méritent
un peu de sympathie.

En deux mots j'exposerai le début de la vendetta, qui
a fait loi d'honneur : c'est l'histoire même de la Corse.

L'origine du banditisme et de la vendetta remonte à une
époque fort éloignée, dont on ne peut fixer une date

2

exacte. La Corse, de tous temps, avait été considérée comme un point militaire très important; des golfes vastes et sûrs, à l'intérieur d'immenses forêts, un sol prodigieusement fertile, hérissé de hautes montagnes : tout cela était l'objet de la convoitise des nations puissantes. Les Carthaginois, les Romains, les barbares du ve siècle, les empereurs d'Orient, les Arabes, les Espagnols, les Génois, les Français, les Anglais s'en sont successivement disputé la possession. Avant la conquête d'Alger les États barbaresques étaient un immense repaire de brigands musulmans, lesquels pillaient, détruisaient les navires et portaient la ruine et la désolation sur les rivages méditerranéens. La Corse n'échappa point à leurs investigations; ils pillaient, égorgeaient et emmenaient en esclavage tout ce qui leur tombait sous la main. Les habitants, chassés de leurs florissantes cités, cherchèrent refuge dans leurs montagnes : ce fut la cause première de l'inculture des champs, de l'abandon, et par suite de l'insalubrité qui règne encore dans la partie la plus belle et la plus féconde de l'île. Obligés de se défendre de siècle en siècle contre les envahisseurs, les Corses s'accoutumèrent à marcher nuit et jour armés de pied en cap. Trop peu nombreux pour composer une armée, attaqués de tous les côtés à la fois, ils combattaient isolément; mais je pense que jusqu'à présent personne ne blâme ce vaillant peuple belliqueux, qui pousse si haut et si loin l'amour du sol natal. Ce fut sous la domination génoise que le banditisme commença réellement à devenir la ruine et la plaie de la nation. La république avait cédé l'exploitation de la Corse à une réunion de marchands connue dans l'histoire sous le nom

de *Banque de Saint-Georges*. La tyrannie la plus épou-
vantable régna alors sur le malheureux pays; les faits les
plus odieux se sont conservés par la tradition dans toutes
les mémoires et dans tous les cœurs. Le nom de Gênes
est ici, à juste titre, honni et abhorré. La compagnie de
Saint-Georges multiplia les impôts sous toutes les formes:
ce fut un mécontentement général; puis, ayant recours
à un système de ruse et de dissimulation, elle divisa pour
régner et arma les Corses les uns contre les autres : aux
uns elle distribua honneurs et richesses, les autres étaient
humiliés et appauvris. Ceux qui demeuraient fidèles à
l'indépendance nationale furent exclus de tous les emplois;
on confisqua leurs biens, on organisa contre eux la déla-
tion, le faux témoignage; on employa pour s'en défaire
l'empoisonnement, l'assassinat; leur tête fut mise à prix,
et si ces malheureux demandaient protection à la justice
de ceux qui les gouvernaient, ils étaient irrévocablement
et d'avance condamnés.

Il arriva alors ce que tout esprit juste et non prévenu
pouvait concevoir : les Corses, attaqués de toutes parts par
ceux qui devaient les protéger, se firent justice eux-mêmes.
La vendetta prit racine et se développa avec violence, avec
rage chez ce peuple malheureux et primitif, apte aux bons
comme aux mauvais sentiments.

A cette époque le sang coulait à torrents; chaque buisson était une embuscade, les craintifs ne sortaient qu'en
tremblant de leur demeure, les parents, les frères s'égorgeaient entre eux. De 1683 à 1715, d'après les documents
officiels, le nombre des assassinats atteignit l'énorme
chiffre de vingt-huit mille sept cent quinze.

Lorsque la Corse devint française, l'état des choses se modifia, mais ne put cependant s'améliorer tout d'un coup.

Il y eut des bandits célèbres; je citerai seulement Théodore Poli, de Guagno. Il naquit en 1797 dans la province de Vico. A l'âge de vingt ans il eut quelques démêlés avec le brigadier de gendarmerie de Guagno, et dès lors il voua une haine mortelle à tous ceux qui composaient ce corps d'élite, sans réfléchir que c'était l'obéissance, le devoir et la discipline qui armaient les gendarmes contre lui. Il gagna le maquis et se rendit célèbre par des faits inouïs d'audace et de bravoure. Sa réputation s'étendait dans toute la Corse; les bandits de son temps, fiers de ses exploits, reconnurent sa suprématie, et dans une réunion célèbre, tenue dans l'immense forêt d'Aïtone, Théodore fut proclamé roi des bandits, roi de la montagne. La constitution d'Aïtone, contenant de nombreux articles, nous prouve que Théodore était non seulement hardi et courageux, mais aussi organisateur habile et intelligent. Tout cela se passait dans la profondeur des forêts, sur des sommets inaccessibles; des espions sûrs et dévoués avertissaient le chef de l'armée du moindre danger; la nourriture était assurée à ces gens d'une sobriété spartiate par le fruit des vieux châtaigniers, par le gibier et le laitage fournis par les bergers. La population, soit par crainte, soit encore par le sentiment familial qui unit les membres de ce petit peuple, protégeait les bandits. Le gouvernement, irrité de voir la gendarmerie tenue en échec, créa en 1823 le bataillon des voltigeurs corses, entièrement recruté dans les familles du pays. Ils con-

On se dresse des embuscades.

naissaient les chemins de la montagne, les secrets du maquis. Plusieurs étaient les ennemis personnels des bannis; leur courage et leur habileté aidant, le nombre des insoumis diminua presque totalement: les uns avaient péri les armes à la main, d'autres, sacrifiant l'amour du sol natal à la liberté, avaient gagné la Sardaigne.

Les voltigeurs corses n'avaient été créés que provisoirement, on les supprima en 1850.

En 1852, sur la proposition du conseil général, le port de toute espèce d'armes fut prohibé sur toute l'étendue de la Corse pour une durée de cinq années, prolongée par la suite de cinq autres. Cette dernière mesure fut la ruine du banditisme, du moins tel qu'il avait existé jusqu'alors, car il y a toujours des bandits dans le maquis, et je crois bien qu'il y en aura toujours.

C'est pour eux, pour ces proscrits de nos jours, qui ont laissé de côté notre progrès et notre civilisation, c'est pour eux que je réclame du moins l'indulgence du cœur, puisque comme Français nos lois les condamnent. Leur crime est le résultat d'un préjugé. On est, en Corse, solidaire les uns des autres jusqu'au douzième degré; si, pour un motif souvent très futile, je l'avoue, un membre quelconque de la famille est attaqué, on prévient honnêtement l'ennemi : « Garde-toi, je me garde! » et la vendetta est jurée. Alors on s'épie, on se guette, on se dresse des embuscades, et lorsqu'un des deux antagonistes a succombé, le coupable se réfugie dans le maquis, domaine fleuri du rêve et de la liberté. Sous les myrtes et les bruyères arborescentes, sous les grands dômes sombres des chênes et des châtaigniers, la nuit, enveloppé dans

son pilone[1] au fond d'une grotte inaccessible, le bandit
échappe à la prison et aux recherches de la justice. Chacun
se fait son complice; ses parents, ses amis lui servent
d'espions, le fournissent de vivres et de munitions. A l'aide
de déguisements qu'il sait multiplier à l'infini, il réside
parfois de longs jours dans sa maison, et, toujours prévenu à temps, il sait se mettre en sûreté lorsqu'un danger
le menace.

Les pauvres gendarmes déploient un courage héroïque.
Pour s'emparer d'un bandit, que de courses inutiles à
travers la montagne, que d'embuscades la nuit dans le
maquis par le froid, la pluie, le vent, la neige! Et lorsque
par hasard ce coupable que l'on traque est surpris, il se
défend en désespéré; c'est une vraie bataille où souvent
restent plusieurs vies.

Le début d'une querelle en Corse est souvent enfantin.
Il me revient à l'esprit à ce sujet une nouvelle d'Alexandre
Dumas, *les Frères Corses :* une haine divisait un village
entier depuis des années; chaque maison était devenue
une forteresse, ce n'était qu'en tremblant qu'on se hasar-
dait au dehors. Le motif de ce véritable état de siège était
le vol d'une poule que l'on avait restituée morte en la
jetant à la figure de celle à qui on l'avait dérobée. Les uns
prirent parti pour, les autres contre, et pour cette cause
futile six morts d'un côté et quatre de l'autre!

Sainte-Marie-Siché, 17 mai 1890.

Bien que le banditisme soit à son déclin, il y a encore

_____
[1] Manteau à capuchon très épais.

des bandits célèbres entourés d'un prestige mérité; je veux parler des Bellacosta. Jean et Antoine, les deux frères, habitent le canton de Bocognano. On les appelle les Rois de la montagne. Dernièrement nos respectables magistrats ont usé, pour s'emparer des fameux bandits, d'une loi autrefois promulguée, mais rarement mise en vigueur : ils ont emmené en prison tous les parents des Bellacosta, hommes, femmes et enfants; leurs biens ont été mis sous séquestre, leurs champs sont restés sans culture; cela a été la ruine pour la malheureuse famille; on espérait, personne n'étant plus là pour subvenir aux besoins de Jean et d'Antoine, les obliger à se constituer prisonniers, mais ce stratagème n'a pas réussi, et les Rois de la montagne depuis quarante-huit ans gardent toujours le maquis.

Un jour un détachement de gendarmes explorait la campagne à quelques kilomètres de Bocognano; un d'entre eux, plus entreprenant, emporté par son ardeur, s'avança seul et s'égara. Après avoir erré longtemps, vers le soir, cherchant à s'orienter, il se trouve tout à coup en face des frères Bellacosta. Les deux bandits étaient armés jusqu'aux dents et occupaient le sommet d'un monticule; ils avaient tous les avantages, que faire?... se défendre... le soldat n'hésitait pas, mais c'était la mort assurée, et le pauvre gendarme, dans une minute d'angoisse suprême, armait son fusil en songeant aux chères existences qu'il allait laisser sans appui. Le sacrifice de sa vie était fait; le devoir s'imposait, il ne songeait pas à fuir... Mais les bandits corses sont à leurs moments de preux chevaliers, il leur répugnait de frapper ce brave soldat.

« Êtes-vous marié, avez-vous des enfants? lui dirent-ils.

— Je suis marié et j'ai six enfants, répondit tristement le gendarme.

— Donnez-nous votre fusil et votre revolver, reprirent les Bellacosta, et marchez devant nous, là, à droite, sans vous retourner, puis donnez-nous votre parole d'honneur que vous rentrerez chez vous sans chercher à vous rappeler par où vous êtes passé. »

Le gendarme promit; les attaquer eût été un acte de bravoure inutile : le devoir ne demande pas la témérité, et le père de famille se devait aux siens.

Dernièrement, pendant la visite du président de la république en Corse, deux belles jeunes filles, parentes de Jean Bellacosta, ont été implorer M. Carnot pour les proscrits; la grâce qu'elles sollicitaient leur a été refusée, les bandits ayant à répondre devant la justice du nouveau meurtre d'un gendarme tué dans une embuscade... Ils défendent leur vie.

Peut-être à tort j'ai le cœur rempli d'une certaine indulgence pour ces pauvres bannis qui, si une amnistie dans le maquis était possible, deviendraient de braves et honnêtes gens. Il est vrai que ce serait sans doute bientôt à recommencer; on ne change pas le caractère d'un peuple en un jour et le préjugé. L'habitude est tellement enracinée chez les Corses, que celui qui n'exercerait pas la vendetta contre son ennemi serait honni et considéré par tous comme un lâche, exactement comme en notre pays civilisé on n'admet pas que l'individu recevant une offense publique refuse une réparation à son adversaire.

Certainement il y a comme partout des exceptions, des

hommes sans foi ni lois, mais ils sont très rares, et les gens du pays alors s'arment contre ceux-là. En généra! le bandit est honnête homme à sa façon; il respecte la femme, l'enfant, l'étranger et la propriété d'autrui.

Sainte-Marie-Siché, 24 mai 1890.

J'arrive de Campo, délicieux et coquet petit village où nous sommes allés tous pédestrement. Il est situé à trois kilomètres seulement de Siché. Les routes sont larges et parfaitement entretenues, c'est un plaisir de gravir ces vertes montagnes presque sans fatigue. A mi-chemin on rencontre un petit cours d'eau, fleuve en miniature qui descend de la montagne en bondissant sur les grosses pierres lisses; il mugit sourdement, et par un travail lent et sûr, le travail des siècles, enlevant une poignée de sable un jour, le lendemain un bloc de granit, il a fini par creuser dans le roc un ravin profond, sur lequel un pont est jeté pour la continuation de la route. Les lianes, les ronces, les clématites et les chèvrefeuilles poussent avec exubérance sur ses bords escarpés, et c'est merveilleux de voir, parmi les fleurs et la verdure, ce clair ruban d'argent qui écume et bouillonne.

Campo a de très jolies et coquettes maisons, semées au milieu de gros blocs de granit, que les plus pauvres utilisent comme soutiens de leurs chaumières. Des platanes aux troncs zébrés comme la peau d'un serpent, des chênes verts, énormes et séculaires, offrent un abri délicieux contre les prodigues et chauds rayons du soleil. Dans la petite église que l'on répare, on montre une belle peinture appartenant à l'école italienne, représentant le Christ sur la croix; malheureusement cette toile est sans signature.

Une bergère, devant sa porte, était occupée à traire ses brebis, qui sont petites de race, noires et frisées. Nous avons savouré leur lait crémeux, aromatisé des mille parfums de la montagne. J'avais une robe de batiste fond blanc à fleurs roses garnie de dentelle, cela faisait sensation dans le village; la bergère, doucement et sournoisement, s'est approchée derrière moi pour palper la fine étoffe venant de Paris.

Quelques habitants d'Ajaccio viennent résider à Campo pendant l'été, de là cet air de villas qu'ont beaucoup de maisons.

Les courses de Grosseto, annoncées depuis longtemps, ont eu lieu dimanche à six heures du soir. Ma belle-sœur, occupée de ses enfants, ne pouvait m'accompagner; je me suis mise bravement en route avec Julien et Liline, et je n'ai pas regretté mon escapade. La fête a parfaitement réussi; de tous côtés affluait une foule énorme, on entourait la piste. L'enthousiasme était à son comble. *Bravo! Evvivato!* tous ces cris m'assourdissaient; les chevaux hennissaient, les brebis et les chèvres bêlaient devant le logis désert, où leurs maîtresses, oubliant l'heure, ne songeaient plus à alléger leurs mamelles gonflées de lait. Le soleil, avant de disparaître derrière les hautes roches, illuminait royalement ce petit coin joyeux de la terre. Une quinzaine de chevaux ont couru; ce sont des bêtes de race corse, bien faites, vigoureuses quoique petites, les extrémités fines et nerveuses; leur croisement avec la race arabe donne de beaux produits.

Sans se donner beaucoup de mal et sans dépenser de fortes sommes on peut avoir plusieurs chevaux. On les laisse, l'été, sans abri et en toute liberté dans de vastes enclos voisins du maquis, se fiant à leur instinct pour la nourriture journalière. Mais je reviens aux courses.

Le vainqueur, un beau jockey barbu, veste et casquette jaune rayé de vert, montant un joli alezan, a reçu la prime de cinq cents francs, une fortune; puis on lui a remis un énorme drapeau tricolore, et homme et cheval, l'un portant l'autre, ont parcouru lentement et au petit pas les routes du pays, jouissant largement avec ivresse de leur triomphe.

Sainte-Marie-Siché, 28 mai 1890.

Grande solennité, hier, dans la famille : c'était le baptême de ma petite nièce Germaine. Elle était superbe, fraîche et rose dans son fouillis de dentelles et de rubans blancs. Comprenant sans doute qu'elle était la reine de la fête, elle souriait gracieusement à tous, et n'a manifesté un léger mécontentement que lorsqu'on lui a mis le sel sur la langue. Les hommes seuls assistent à la cérémonie religieuse et suivent le cortège, les femmes restent à la maison. Moi, en qualité de marraine, je faisais naturellement exception ainsi que la bonne qui portait l'enfant. Le curé nous a reçus en grande pompe à la porte de l'église. Les premiers versets se psalmodient sous la voûte céleste avec l'accompagnement joyeux du chant des merles et des fauvettes, qui se balancent sur les fines branches fleuries des grands arbres. Ensuite nous avons pénétré dans le saint lieu, où l'eau sainte a coulé sur le front de ma filleule.

En rentrant à la maison, pendant que les nombreux invités lunchaient, le défilé de tous les enfants du pays a com-mencé; chacun venait souhaiter toute sorte de bonheur à Germaine, et, comme remerciement de la famille, em-portait des calistrons, gâteaux secs du pays, et des dra-gées.

Nous faisons nos préparatifs de voyage; mardi prochain nous partons pour les eaux sulfureuses d'Urbalacone. C'est, paraît-il, un endroit complètement isolé, sans aucune ressource, il faut tout prévoir et emporter : victuailles, provisions, ustensiles de ménage; c'est presque un démé-nagement. Ma belle-sœur, qui y a passé une saison l'année dernière, a son expérience dont je profite.

Urbalacone, 4 juin 1890.

Que c'est beau! que c'est beau! Je m'exclame, je me perds dans une contemplation infinie et grandiose; je gémis de mon impuissance, qui ne me permet pas de retracer à l'aide d'un pinceau fidèle ce chaos de roches grises émergeant du maquis en fleurs, et ces montagnes se nuançant de pourpre et d'or lorsque le soleil les sur-plombe, puis le soir, quelques instants avant le crépuscule, prenant les teintes et le coloris d'un beau tapis d'Orient, et cette étroite vallée, et des fleurs partout, toujours des fleurs!

Nous sommes dans un véritable Éden. Je me figure voir errer dans ces sauvages solitudes Adam et Ève, nos premiers parents. Le paradis terrestre devait être ainsi. Si, sortant de ces sombres futaies ou appuyés sur une roche moussue je voyais surgir deux êtres dans la beauté pure et idéale que Dieu avait donnée à sa créature privilégiée, je serais émue sans doute; mais au milieu de ce site primitif, où les conventions modernes et sociales sont si loin, qu'est-ce qui pourrait m'étonner?

Bien sûr, peu d'êtres humains prédestinés connaissent ce ravissant endroit; on y viendrait en foule, tandis que nous y sommes complètement seuls, ma belle-sœur, ses enfants et nous.

C'est lundi que la lourde diligence, traînée par quatre vigoureux mulets, nous a déposés sur la route poudreuse, devant la maison du propriétaire des bains, M. Trombetta. Derrière cette habitation s'en trouvent deux autres, pas mal délabrées, destinées aux baigneurs; nous y avons choisi nos chambres, étant les premiers arrivés de la saison. Par exemple le luxe et même le simple confort est banni de ces lieux. Toutes les pièces sont pareilles; elles ouvrent sur un long corridor, éclairé seulement lorsque la porte est ouverte: l'unique fenêtre, dont les carreaux ont été brisés, est bouchée par des planches.

L'ameublement du logis est des plus sommaire : un lit petit et étroit en bois vermoulu, jadis peint en rose, maintenant recouvert d'une respectable couche grisâtre de vétusté, marbré de petits points noirs, qui font songer avec terreur à la multitude d'insectes ayant séjourné là; puis une table en chêne, un banc boiteux et une chaise à moitié défoncée, et c'est tout: pas une armoire, pas un portemanteau, heureusement que nous avons eu la précaution d'emporter des clous et un marteau, ce qui nous permet d'accrocher nos vêtements aux murs décrépits. J'oubliais une vaste cheminée, dans laquelle on est obligé de faire la cuisine. C'est dans la chambre de Francesca, la bonne de ma belle-sœur, que se préparent les repas de toute la famille. Par exemple, impossible de dîner en commun, vu l'exiguïté des pièces, la table ne pouvant contenir plus de quatre convives, fort peu à l'aise sur l'unique chaise et sur le banc de bois.

Mais ce sont des détails puérils, et je trouve amusant de jouer au Robinson, d'aller chercher du bois mort, de planter aux murs des clous ou des morceaux de bois, quand les clous font défaut pour suspendre mes robes de soie. Comme on oublie ces misères mesquines, en contemplant les radieuses magnificences de la nature en fête! Accoudée sur la balustrade du rustique balcon de bois, je contemple, je rêve au milieu du grand et religieux silence, et toujours je reviens à ma pensée :

L'Éden resplendissait dans sa beauté première[1].

Notre maison est accrochée aux flancs de la montagne, en plein maquis; nous dominons une gorge étroite où les jeunes arbustes, les buissons fleuris, masquent les troncs moussus des vieux chênes, qui de distance en distance élèvent leurs dômes majestueux. Au bas de la petite vallée, d'énormes masses de granit ont roulé de la montagne, blocs titanesques, au milieu desquels un large torrent

[1] François Coppée.

bondit, gronde et bouillonne. Son murmure assourdissant, répété par l'écho lointain, vous berce et vous enlève à la réalité; c'est l'harmonie confuse et obligée du site, elle se mêle au chant des oiseaux sous la ramure et au bêlement plaintif d'une chèvre, qui du haut d'un roc appelle son chevreau vagabond.

Pour arriver aux bains on suit un court sentier très étroit, tout bordé de hautes fougères et de ces larges pâquerettes jaunes, comme celles qu'à Paris on expédie de Nice; mais ici le ton en est plus chaud. Il semblerait que le Créateur a réservé les plus riches trésors de sa palette pour les fleurs de ce pays perdu; elles croissent, exhalent leurs enivrants parfums, la brise emporte leurs graines qu'une humide rosée rend à la terre, les chauds rayons du soleil les fécondent, et la verdure et les fleurs sans interruption se succèdent.

Une jolie petite construction au toit arrondi recouvre les piscines: à droite celle des hommes, à gauche celle des femmes. L'eau est tiède et très agréable pour se baigner: c'est une partie de plaisir pour les enfants, qui sont ravissants dans l'eau; c'est un spectacle gracieux et charmant de voir ces bébés avec leurs bras potelés, leurs épaules aux contours arrondis, se jeter de l'eau à la figure et cacher ensuite vivement leur tête mignonne dans leurs petites mains pour ne pas recevoir les éclaboussures de leurs voisins.

La fontaine est à côté, mais je ne la visiterai pas souvent, car comme boisson l'eau d'Urbalacone a un goût d'œuf pourri auquel je m'habituerai difficilement.

Urbalacone, 12 juin 1890.

Bien des personnes aimant les distractions bruyantes
ne partageraient peut-être pas mon enthousiasme pour ce
recoin délicieux, pour cette solitude grandiose; cela à la
longue pourrait leur paraître monotone, le sombre ennui
viendrait les visiter. Moi j'y suis heureuse. Dans ce calme
enivrant troublé par le seul bruit du torrent, je puis pen-
ser et écrire. De ma fenêtre largement ouverte, je vois
mes chers enfants s'ébattre joyeux parmi les fleurs et les
hautes herbes; je lis, je travaille, puis je vais m'asseoir
sur un vieux tronc autour duquel les lianes et le lierre
ont poussé, s'enchevêtrant ensemble pour rejoindre les
hautes branches du chêne et former une gracieuse cage
de verdure. L'eau du torrent, calme en cet endroit, vient
doucement mourir en nappe argentée sur le sable fin.

Deux fois par jour nous allons aux bains; enfin le soir,
quand mon mari et les enfants sont couchés, nous nous
réunissons dans une chambre inoccupée que j'ai baptisée
casino; nous causons, nous jouons avec les autres baigneurs qui commencent à arriver.

Tous les jours en sortant du bain, à cinq heures et
demie, on se réunit sur la grande route pour attendre le
passage de la voiture; c'est le grand événement de la
journée, le lien qui nous rattache au reste du genre
humain. On voit s'il arrive de nouveaux baigneurs; on
met ses lettres dans la petite boîte en fer accrochée près
du postillon; on reçoit les vivres que l'on nous adresse,
et fouette cocher! les mules jettent avec entrain leur tête
expressive en arrière pour faire sonner les grelots de leur

harnachement, un dernier mouvement de leurs oreilles
pointues et elles enlèvent vigoureusement la lourde
patache qui file sur la route de Sartène.

Avant-hier nous avons manqué de pain. Stoïquement
nous avons imité nombre de peuplades en mangeant des
pommes de terre bouillies avec les autres aliments. Voici
la cause de cette disette : deux fois par semaine on nous
envoie de Siché notre provision de pain; par une erreur
du conducteur de la diligence, le paquet ne nous a pas été
remis et a continué son chemin jusqu'à Sartène. Cette
nuit, à minuit, l'heure des crimes en pays civilisé, des
appels et des coups redoublés frappés à notre porte bran-
lante nous ont éveillés; ma belle-sœur effrayée croyait
que tous les bandits du maquis arrivaient en nombre nous
attaquer. C'était le brave postillon qui s'était aperçu de
son oubli. Notre pain avait fait bon voyage, mais il était
bien sec et bien poussiéreux.

Urbalacone, 20 juin 1890.

Que j'aurais fait rire si l'on m'avait vue dimanche! Je
me moquais de moi-même en regardant le tableau que je
pouvais former avec ma famille. J'aurais eu un succès en
carnaval. Je descendais la montagne par un véritable
chemin de chèvres, à cheval, non point comme une fière
amazone : longue jupe, voile léger flottant au vent; j'étais
à califourchon comme un homme sur une jolie jument
corse, les selles de femmes sont inconnues en ce pays.
Liline était juchée sur le cou de ma monture, je la sou-
tenais d'une main; Julien, à cheval sur la croupe, me tenait

par la taille. Le petit poulain, la crinière au vent, trottait devant sa mère en hennissant joyeusement. Je dois dire que la jument paraissait extrêmement flattée de porter si noble fardeau. Comme je suis loin d'être forte en équitation, un brave et charmant homme, M. Levigoni, arrivé depuis quelques jours aux eaux avec toute sa famille, me soutenait dans les passages trop dangereux. Voici le motif de cette belle équipée : j'avais voulu aller à la messe. Ainsi que je l'ai dit, les bains sont complètement isolés, le village d'Urbalacone en est distant de quatre kilomètres; il est situé en pleine montagne, on y arrive par un chemin presque inaccessible, néanmoins un petit nombre d'intrépides résolut de tenter l'ascension. Nous nous mîmes en route par un temps admirable, à sept heures du matin. La première partie du voyage s'effectua facilement, mais lorsque nous nous trouvâmes en face des roches abruptes, presque à pic, plusieurs eurent envie de reculer. Le chemin n'était plus frayé; il fallait escalader des rocs, franchir des excavations, barboter avec indifférence au milieu des eaux vives d'un torrent, et tout cela par un soleil brûlant. La fatigue, la chaleur m'enlevait toute sensibilité, je n'admirais plus. Liline avait mal aux pieds, il fallait la porter; heureusement Julien est vaillant, il marchait comme un petit homme. Enfin, à nos yeux étonnés et charmés apparut attaché aux flancs de la montagne, comme un nid de vautour, le tout petit village d'Urbalacone. A demi caché sous les cerisiers couverts de fruits vermeils et les figuiers aux verts et tendres rameaux, les blanches maisons tranchaient vigoureusement sur la teinte grise du granit sur lequel le soleil jetait un flot d'or.

Nous nous sommes reposés et réconfortés chez le curé, dont le presbytère enclave un gros rocher uni et bien lisse qui divise curieusement et économiquement de haut en bas les pièces de son appartement. Nous avons entendu la messe; l'église est petite et proprette. Au sortir de l'église, — ô la bonne et cordiale hospitalité corse! — chacun se disputait l'honneur de nous recevoir à sa table. Un des notables de l'endroit, portant fièrement à sa boutonnière le ruban des braves, vint galamment m'offrir son bras pour nous conduire auprès de sa femme. M. Levigoni, un peu son parent, était aussi son hôte; les dames qui nous avaient accompagnées restaient chez le curé. Le menu du festin ne pouvait comporter des mets délicats, vu l'insuffisance des ressources; mais ce que ces braves gens nous offraient, on sentait que c'était de tout leur cœur. La maîtresse de la maison, malgré mes instances, refusa de se mettre à table avec nous et nous servit. Un gros marmot joufflu, silencieux dans un coin de la pièce, nous examinait curieusement, tandis que l'aîné, accroupi devant un berceau de chêne grossièrement sculpté, berçait gravement et en mesure une jolie petite fille blanche et rose.

Après le dîner, notre hôte eut l'idée lumineuse de m'offrir sa jument pour le retour. J'avais essayé de résister pour la forme, mais je trouvai la chose comique, et je me décidai à enfourcher ma monture. Quelle descente périlleuse! J'y penserai souvent : chaque mouvement brusque de ma bête, provoqué par les blocs de rochers, me projetait peu gracieusement sur le dos de ma fillette, que je serrais à l'étouffer, ou bien me cambrait à un tel point, que mon pauvre Julien était prêt à perdre l'équilibre. Prudemment je répétais de temps à autre au bambino qui tenait la longe de ma jument : « Piano, piano... » Somme toute, j'ai ri et il n'y a pas eu de chute.

Notre calme solitude des bains commence à se peupler. Cela lui ôte à mes yeux beaucoup de son charme, mais nos compagnons sont de braves gens, et notre voisinage me permet d'étudier sur le vif le caractère corse, qui a réellement beaucoup de bon. Sur le continent trouverait-on cette affabilité, cet accueil, je puis dire ce dévouement envers les étrangers? J'ai à peine esquissé ces grandes lignes qui font la base de leurs autres qualités; je les observe et je les apprécie, et toute ma vie je garderai d'eux un vif et agréable souvenir. Malgré leur pauvreté, ils trouvent le moyen avec les produits de leurs champs d'offrir des petits cadeaux; ils sont à l'affût d'une occasion pour faire plaisir, et la pensée ne leur vient pas d'en tirer une rémunération, un profit quelconque.

Nous quittons jeudi prochain Urbalacone. Je regretterai sincèrement ce petit coin poétique et perdu, ainsi que nos aimables voisins.

Sainte-Marie-Siché, 28 juin 1890.

Notre départ d'Urbalacone m'a émue profondément. Toute la population des bains, en tout une trentaine de personnes, nous accompagnait à la voiture; deux ou trois familles de bergers, qui passent leur vie, heureux mortels! dans le maquis fleuri avec leurs chèvres et leurs brebis, étaient descendues pour nous embrasser. A tous j'ai donné une cordiale accolade. C'étaient des protestations de dévouement, d'attachement, qui dans leur forme imagée, peut-être exagérée, allait au cœur. J'ai été un événement dans leur vie monotone, me dira-t-on... Oui, certainement les Parisiens dans les montagnes corses sont rares; mais il y a aussi sur le continent des villages, des hameaux perdus, je défie de rencontrer chez leurs habitants ce que l'on trouve ici : ce courant sympathique qui va spontanément de l'insulaire à l'étranger, à moins pourtant que ce dernier n'y soit complètement réfractaire, ce qui arrive à quelques fonctionnaires qui ne viennent en Corse qu'à regret avec un esprit prévenu.

Ici j'ai repris le courant de ma vie calme et tranquille. Les pensées sont plus élevées sous ce ciel sans pareil, l'imagination voyage dans un rêve féerique, à travers le maquis embaumé où parfois les coups de fusil troublent le grand silence. Est-ce un bandit? sera-t-il pris? A-t-on tiré sur un mouflon? sur un homme? sur un sanglier? mystère!

Dimanche nous irons faire quelques visites à Sainte-Marie; un peu plus tard ce sera une excursion à Cardo.

Je suis à la recherche d'une maisonnette, ce qui est difficile à trouver, la spéculation sur les immeubles étant inconnue; chacun possède son habitation et y demeure avec toute sa famille. Je ne veux pas non plus être éloignée de ma belle-sœur; si je puis donc trouver à proximité de la caserne quelque chose à mon goût, je m'empresserai d'en prendre possession, ce sera plus commode pour les uns et pour les autres.

Sainte-Marie-Siché, 5 juillet 1890.

Les visites que nous avons faites dimanche à Sainte-Marie m'ont intéressée. J'y ai retrouvé dans l'aristocratie et dans la bourgeoisie, comme précédemment chez le paysan, ce cachet de cordialité et de prévenante affabilité qui m'a frappée dès mon arrivée. La conversation ne peut être soutenue, elle languit et cela se comprend : nous sommes étrangers à leurs mœurs, à leurs habitudes, l'usage de notre langue ne leur est pas familier, depuis un an seulement on oblige les enfants dans les écoles à ne parler que le français; mais ils ont mille manières démonstratives de faire comprendre leur joie de nous recevoir. Après un instant de causerie il faut passer dans la salle à manger, où l'on trouve une table abondamment garnie de fruits du pays, de calistrons, vin, café, liqueurs. Nous sommes allés voir le curé, qui occupe avec sa sœur une modeste maison du village.

Dans les antiques demeures que j'ai été admise à visiter il y a de grands salons aux murs ornés de portraits d'ancêtres, froids et compassés dans leurs cadres dédorés. Pour la plupart, les meubles sont vieux et fanés, mais gardent l'empreinte d'une splendeur passée.

Sainte-Marie-Siché, 13 juillet 1890.

C'est jeudi que nous avons mis à exécution notre projet d'aller à Cardo. Un voisin nous avait prêté son âne, sur lequel nous avions installé ma petite nièce, Pauline, et Liline. Est-ce fatuité de ma part? je suis persuadée que ma vue intimidait maître Aliboron. Toujours est-il que les petites filles criaient — comme des ânes — devant les ruades multiples de leur monture; puis, une bande de chèvres étant venue à passer, l'entêté animal changea de tactique et resta comme pétrifié au milieu du pont sans vouloir ni avancer ni reculer. Notre patience était à bout; l'âne fut abandonné et nos fillettes, rejoignant la bande joyeuse des autres enfants, s'engagèrent avec nous dans un chemin minuscule, de proportions réduites et charmantes. Ce ravissant sentier est ombragé de chaque côté par des haies élevées, touffues et fleuries, au pied desquelles les cyclamens montrent leurs coquettes petites figures roses. Deux kilomètres seulement à parcourir ainsi, au bout desquels on arrive sur une éminence de terrain que domine une haute et simple croix de bois. Pêle-mêle avec les roches grises, poussent dans un désordre savant les arbousiers au feuillage d'un beau vert brillant, les scythes aux larges fleurs délicates roses et blanches dont la feuille, petite et grisâtre, exhale un parfum balsamique pénétrant, et toujours les grandes bruyères blanches, à la senteur exquise, subtile et troublante. Brusquement le chemin coupe à angle droit; il est tracé dans le granit et descend rapidement, nous découvrant d'abord l'église à gauche et vingt pas plus loin le tout petit village de Cardo, qui compte seulement quarante-cinq habitants. Les sept à huit maisons se groupent autour d'une place ombragée de platanes; une d'entre elles a un portique assez remarquable, qui fait songer que l'humble artisan du village possède en ce pays une âme d'artiste. On monte un perron d'une dizaine de marches pour accéder au presbytère, où l'excellent curé, M. Casanova, nous attendait. Digne de ses compatriotes, il ne savait que chercher pour nous l'offrir : ç'a été d'abord une réconfortante collation composée de beignets au brucio, fruits exquis, fèves et pois crus; le bon prêtre nous a distribué à tous médailles et chapelets, et nous a ensuite fait visiter son église, un bijou, où l'on vénère saint Vitus, jeune enfant de treize ans martyrisé à Palerme.

L'abbé Casanova a perdu un de ses frères d'une façon tragique. Ce malheureux avait sans le savoir excité la jalousie d'un de ses voisins; un jour il traversait une vigne appartenant à son ennemi, un coup de feu retentit, le frère du curé de Cardo tomba pour ne plus se relever. Le coupable a gagné le maquis où il est encore. Le prêtre se tait, son caractère sacré lui défend la vendetta, mais le sang corse doit avoir eu bien des révoltes en lui.

En regagnant Siché, j'ai vu un curieux phénomène de végétation : un énorme châtaignier, au tronc puissant, avait été l'an dernier déraciné et couché complètement dans le fossé par un ouragan. Une racine cependant tenait encore à la terre, qui renferme en si grande quantité les sucs nourriciers, que l'arbre ne meurt pas et produit en abondance des feuilles et des fruits.

Sainte-Marie-Siché, 21 juillet 1890.

On a enterré ce matin un bébé de dix mois, l'enfant d'un cordonnier, notre voisin. Il est d'usage, pour toutes les personnes valides, d'assister à la cérémonie et de se rendre à l'église lorsque tinte un lugubre glas. L'enterrement avait lieu à Sainte-Réparate; petite chapelle au milieu de Siché. Le pauvre enfant, couché dans son étroit cercueil découvert, était revêtu de ses plus beaux habits : robe de mousseline blanche et ceinture bleue. Hier, sur ses lèvres roses, les anges avaient recueilli la douce petite âme, et maintenant la pâle figure rigide ressortait péniblement sur la blancheur des oreillers, ce qui faisait dire à Julien en soupirant qu'il devait être mort de la jaunisse. Les parents poussaient des cris à fendre l'âme; ils s'arrachaient les cheveux et se brisaient par mille démonstrations violentes; la douleur cachée, la souffrance muette que le cœur garde jalousement pour lui seul n'existe pas ici.

Après la cérémonie religieuse, le cortège s'est rendu sans prêtre dans un champ voisin appartenant à la famille; c'est là seulement, devant la petite fosse béante, que le cercueil a été fermé.

Il n'y a pas de cimetière ici, chacun enterre ses morts dans ses propriétés; on ne peut faire la plus petite promenade sans voir se dresser, à l'ombre des grands chênes, d'humbles et modestes croix de bois sans aucune inscription; là reposent du dernier sommeil ceux qui nous ont précédés ici-bas, et cette communauté de tous les instants avec ceux qui ne sont plus doit être salutaire, je crois, à bien des vivants; ils ne peuvent aller à leurs vignes, à leurs champs sans donner un souvenir, une prière à l'âme d'un père, d'une épouse, d'un frère. L'habitude exclut la tristesse, mais l'oubli, triste chose, ne peut exister en Corse.

Sainte-Marie-Siché, 28 juillet 1890.

Vico est un simple hameau dont les maisons blanches et ensoleillées s'élèvent à l'ombre des vieux ormeaux. De mes fenêtres largement ouvertes, le matin, quand une brume légère encore se drape mollement sur les branches et les buissons, voilant avec pudeur les chastes amours du petit insecte tapi sous la mousse fleurie et les frémissements d'ailes sous la ramure, quand le soleil, illuminant l'azur, lentement se montre à l'horizon, je songe et j'envie cette poignée de mortels qui, dans le vaste univers, a eu l'heureuse chance d'être placée en cet endroit prédestiné. Loin du bruit des villes, les noirs soucis, les passions violentes, les haines des méchants les atteignent-ils? Je ne puis le croire; ils doivent au sein du calme bonheur naître, vivre, s'aimer et mourir en bénissant Dieu.

Une des maisons de Vico domine les autres; elle paraît être la souche autour de laquelle les faibles rejetons sont venus se grouper. J'ai en effet sous les yeux l'antique berceau de la famille d'Ornano, qui a donné trois maréchaux à la France. A côté du principal corps de logis, qui a une belle apparence, mais qui ressemble à une vaste habitation du continent sans aucun cachet spécial, se dresse la tour; c'est le vrai manoir du moyen âge en Corse. Cette construction est élevée à quarante pieds au-dessus du sol; ailleurs cela se nommerait un colombier, ici c'est le château fort. La porte ogivale, longue et étroite, s'ouvre sur un escalier de pierre de huit à dix marches fort raide. Les fenêtres sont hautes et resserrées; en temps de vendetta ou de guerre on les garnit dans la partie inférieure de grosses bûches, cela s'appelle des *archères,* et l'on peut par ces meurtrières tirer à couvert sur les assaillants.

La famille d'Ornano compte parmi ses ancêtres l'illustre Sampiero Corso, dont la vaillante et glorieuse épée est conservée religieusement à Vico, dans cette maison même, par ses descendants.

Sur la tour, au-dessus de la porte, le prince Napoléon a fait placer en 1876 une plaque commémorative portant cette inscription :

POUR PERPÉTUER LE SOUVENIR

DE

SAMPIERO

ET DONNER UN TÉMOIGNAGE D'ADMIRATION

A UN DES GRANDS HOMMES

DE LA CORSE

Les demoiselles Sampiero, qui sont en relations de bon voisinage avec ma belle-sœur, m'ont engagée à aller les voir. Je ferai cette petite course avant lundi, jour fixé pour notre départ à Ajaccio.

Une jeune et jolie bergère de Campo m'apporte un bruccio exquis. Cet excellent fromage à la crème cuit était apprécié de Napoléon Ier. Comme il est surtout bon tout frais, le grand homme fit venir à la cour de France des bergers corses; mais le laitage n'était plus le même, et l'essai ne réussit point; le souverain omnipotent, qui en se jouant subjugua le monde, regretta plus d'une fois le bruccio de ses montagnes.

Sainte-Marie-Siché, 30 juillet 1890.

Nous partons demain pour Ajaccio, et bien que notre absence doive être courte, quinze jours tout au plus, mes amis du village sont là pour nous dire adieu et nous souhaiter bon voyage. En reconduisant un visiteur j'aperçus un petit garçon d'une dizaine d'années, accroupi sur un rocher, les bras noués autour du cou d'une belle chèvre blanche. Ni l'un ni l'autre ne bougeait, et le groupe gracieux eût tenté le pinceau d'un artiste. J'étais émue aussi du regard tendrement admiratif que l'enfant attachait sur moi, un regard de velours d'une douceur infinie...

J'avais un morceau de sucre dans ma poche, que je lui offris en souriant. Le petit d'une main s'en saisit, et de l'autre prenant le bas de ma robe il la baisa en s'écriant avec enthousiasme dans son patois : *Vivat la Francesa!*

C'était simple et naïf, mais touchant, et de tout mon cœur j'embrassai le front embroussaillé de boucles brunes de mon humble adorateur.

Hier ma belle-sœur nous a accompagnés à Vico. Nous avons traversé pour y parvenir ce que l'on appelle le fond du pays, c'est-à-dire la plus grande partie de Siché. Les maisons, comme celles de tous les villages corses, sont placées et bâties au hasard, d'après le bon plaisir de chacun; il ne peut être question de rues et moins encore d'alignement. Les ouvertures sont à droite ou à gauche, selon la fantaisie du propriétaire. Cela forme un vrai labyrinthe, heureusement assez restreint, car il ne serait pas commode de s'y orienter. Nous descendons toujours, et nous arrivons près d'un petit ruisseau peu profond, que l'on traverse en sautant sur de grosses pierres, à la grande croix de Vico, au bas de la colline que domine Siché.

Notre première visite a été pour M<sup>me</sup> d'Ornano, qui habite la grande maison dont dépend la tour; les pièces sont immenses, le mobilier indique une antique splendeur. Comme partout, la maîtresse de la maison improvise une collation dont les excellents fruits du pays font les principaux frais. En sortant de chez M<sup>me</sup> d'Ornano, nous nous sommes rendus chez les Sampiero, vraie famille patriarcale : beaucoup d'enfants de tous les âges, très unis et vivant autour des vieux parents. Là encore il a fallu luncher,... tant pis pour nos estomacs. Les cinq ou six autres maisons de Vico sont habitées toujours par des d'Ornano : ce petit coin abrite l'aristocratie du pays. A droite, en quittant le hameau, on trouve la chapelle, où derrière l'autel reposent les morts de l'illustre famille. Aux anniversaires, la cloche vibre douloureusement, le vicaire de Sainte-Marie officie dans l'oratoire.

Cauro, 1<sup>er</sup> août 1890.

Pendant que le postillon change les mules de notre attelage, je trace à la hâte quelques notes que je ne veux pas oublier. Nous venons, dans une auberge très propre et coquette, de déjeuner parfaitement de mets tout à fait indigènes. On nous a servi d'abord de la *ficadelle,* espèce de saucisse de foie séchée, puis de la *polenta,* bouillie très consistante de farine de châtaigne, que l'on mange avec du lait, enfin un bruccio délicieux. Comme dessert, des calistrons, prunes, poires, oranges, etc., le tout arrosé de l'excellent vin du pays, qui peut très bien rivaliser avec notre bordeaux du meilleur cru.

Cauro est un joli village; les maisons bien bâties, de belle apparence, s'alignent correctement le long de la route. Au centre du pays se trouve une grande place carrée, ombragée d'une double ligne de platanes; c'est là que les hommes viennent causer, fumer et jouer aux cartes pendant que les femmes, tout auprès, remplissent leurs lourdes cruches de grès à la fontaine, dont l'eau limpide et glacée tombe bruyamment dans la grande auge de pierre qu'elle fait déborder.

Comme partout règne ici le culte de l'étranger; un petit détail en fera juge : en descendant de diligence j'avais vainement demandé du lait à l'auberge et dans les maisons avoisinantes. Vaches, chèvres et brebis, heureuses et libres, étaient au maquis, d'où elles devaient revenir seules, pour se faire traire après le coucher du soleil.

> La chèvre, sans pasteur, la mamelle pendante,
> Apportera le soir son tribut au hameau[1].

Forcément je renonçais à ma fantaisie, lorsqu'une jeune femme en deuil vint m'apporter un bol plein du blanc liquide crémeux qu'elle gardait pour ses enfants. Je la remerciai en sortant mon portemonnaie... Jamais je n'oublierai le geste de fierté de la noble insulaire. Honteusement je remis mon argent dans ma poche et je lui serrai la main; satisfaite d'elle et de moi, la brave femme

[1] Traduit de Virgile, ive églogue.

Vue d'Ajaccio.

alors m'embrassa sur les deux joues. Si elle avait su combien, sur le continent, les étrangers sont habitués à être rançonnés!...

Nous avons mis deux heures pour franchir la distance de Sainte-Marie à Cauro. La route, que j'avais vue imparfaitement à mon arrivée dans le pays à cause de la grande fatigue du voyage, m'a ravie. Les montagnes s'échelonnent, se superposent; les unes, dépourvues de végétation, offrent à l'éclat des magiques rayons du soleil une arête aiguë, toute blanche à son sommet des dernières neiges de l'hiver. Ce scintillement, cette blancheur nacrée qui semble tenir à la voûte d'azur, ne serait-ce pas une perle précieuse, un bijou féerique tombé de l'écrin royal d'un des hôtes du firmament?... L'astre radieux enveloppe chaque cime, chaque mont d'une vapeur légère d'or et de pourpre. L'œil, involontairement, se ferme devant cette éclatante splendeur, et se repose avec délices sur le myrte gracieux et embaumé qui pousse en taillis touffus, tout près de son inséparable ami le lentisque, sur toute la végétation luxuriante du maquis. Au col Saint-Georges, sommet d'un mamelon escarpé, la vue s'étend sans limites, nous montrant la mer aussi bleue que le ciel; puis, à nos pieds, au bas de la colline, les blanches maisons d'Albitreccia. Saint-Georges n'est même pas un hameau; il n'y a que deux grandes cabanes, habitées l'été par des rhumatisants qui viennent se plonger dans une source d'eau minérale voisine, très efficace, parait-il. Le chemin continue en plein maquis, c'est-à-dire en une suite non interrompue de buissons fleuris et embaumés. De temps à autre le grand silence est troublé par une argentine clochette, à laquelle répondent des bêlements plaintifs; une fine silhouette se montre sur le talus, émergeant parmi les hautes fougères : c'est le *tintinajo*, bélier porteur d'une sonnette et conduisant le troupeau.

Ajaccio, 3 août 1890.

C'est ici la grande ville; elle compte seize mille habitants. Les jolies Ajacciennes, qui ont beaucoup de la grâce créole, portent élégamment la toilette. Chaque soir elles se promènent en jouant de l'éventail, aspirant la brise que les vagues murmurantes leur apportent douce et parfumée, pendant que la musique du 111e de ligne exécute, sur la place des Diamants, les plus beaux morceaux de son répertoire.

Notre maison à cinq étages est bâtie à l'instar de celles de Paris, mais avec de l'air, de l'espace, de la lumière. Elle est située sur le cours Napoléon, beau boulevard planté d'orangers et d'eucalyptus, qui commence à la barrière pour aboutir à la place des Diamants. C'est le quartier le plus commerçant. Dans la journée il y a peu d'animation; le chant rêveur des vagues est dominé parfois par le cri aigu des porteurs d'eau : *l'aquo fresco della monti*. Ils vont faire leurs provisions aux sources glacées des montagnes voisines. A l'ombre des arbres, les petites marchandes d'oranges et de citrons vendent silencieusement leurs fruits d'or. Mais vers six heures du soir les diligences, qui font journellement le trajet des montagnes à la ville, font bruyamment leur entrée; les parents et amis encombrent les trottoirs; on s'interpelle à distance :

*Buon giorno, fratello; bona sera, signora surella!*

Le golfe d'Ajaccio et les îles Sanguinaires.

Presque en même temps débouchent de longs troupeaux de chèvres conduits par de graves bergers, qui vont de porte en porte vendre le lait de leurs bêtes. Ensuite les maisons se ferment. Sur des chaises, devant les boutiques, des cercles se forment; les conversations s'engagent, les commérages vont leur train, les enfants jouent autour des parents, les jeunes gens et les rentiers se promènent lentement, rythmant leurs pas aux doux accords des guitares et des mandolines, et tous, heureux de vivre, restent à la fraîcheur de ces belles nuits, sous un ciel brillant d'étoiles, le plus tard possible.

Le golfe d'Ajaccio est superbe; on le compare à la baie de Naples. Comme je ne suis point allée en Italie, je ne saurais établir un parallèle entre ces deux calmes et souriantes splendeurs; mais ce que je sais, c'est que, accoudée sur le môle, regardant disparaître dans le bleu infini un voilier aux blanches ailes, j'ai délicieusement admiré.

A l'entrée du golfe, comme placées en vedette, sont les îles sauvages des Sanguinaires. Ce sont de vieilles roches rougeâtres d'aspect farouche, flanquées d'une tour génoise crénelée, démantelée, repaire des aigles, abri des mouettes. Au sommet on a établi un sémaphore; la grosse lanterne du phare flambe au soleil et rayonne dans la nuit. La baie est largement échancrée, et la vague vient mourir doucement sur le sable fin du rivage, bordé, à quelques mètres de là, de hauts et gracieux eucalyptus. Le port est commode et bien bâti; les grands navires dont on décharge la cargaison s'y balancent mollement devant les badauds et les curieux massés sous l'ombre des palmiers. Deux fois par semaine arrive le paquebot porteur du courrier, et c'est avec une douce émotion que je vois avancer majestueusement, se balançant sur chaque vague, le grand vapeur qui m'apporte des nouvelles de mes amis du continent.

Nous nous baignons le matin, à huit heures, avant la

Ajaccio. — Place et statue du général Abbatucci.

forte chaleur du jour; le soir, vers cinq heures, nous accompagnons à la plage les enfants, qui prennent un autre bain. Ils ne sont pas très braves, mes chers petits; Julien se révolte hautement quand les petits garçons de son âge veulent lui apprendre à nager; Liline jette des cris de paon quand je la plonge toute palpitante dans la vague bouillonnante. J'espère qu'ils finiront par s'habituer à ce régime salin, si salutaire et si fortifiant.

Ajaccio, 6 août 1890.

La chaleur est excessive, mais je la supporte sans fatigue; je dirai mieux : elle me fait du bien et me dilate le cœur comme l'esprit. Est-ce à cause du féerique décor qui m'environne? le climat rend-il poète? Vivant au

Ajaccio. — Place du Marché et statue du premier consul.

milieu du beau idéal, le sentiment artistique qui devait exister à l'état latent se développe-t-il subitement? ou bien est-ce un état particulier à mon âme? je ne sais; mais je me sens dans une disposition d'esprit qui me permet de saisir jusqu'aux moindres détails des choses qui n'auraient peut-être pas fixé mon attention autrefois. Un point de vue, un beau site se grave en moi avec ses plus délicates nuances, comme en un miroir fidèle, et le soir, à l'heure du recueillement et de la solitude, je retrouve vivants les souvenirs qui m'ont émue. Jamais je n'ai si

bien compris la poésie sublime qui se dégage de toute la
nature. Dans les promenades au bord de la grève, la nuit,
lorsque les étoiles scintillent et que le pâle globe lunaire
étend sa mélancolique clarté, comme tout parle à l'âme!
Un grand apaisement s'est fait sur toutes choses; tout
repose, tout sommeille. Les vagues chantonnent très doucement, et, sur la montagne de verdure, derrière la ville
endormie, les feux follets dansent autour de blanches
constructions éparses çà et là : ce sont des chapelles funé-
raires, des tombeaux de famille. L'architecture des monu-
ments n'a rien de remarquable. La cathédrale a été bâtie
en 1581, dans le goût italien du xvie siècle.

Ce matin après notre bain nous avons fait une excursion en compagnie d'une aimable fille de Siché, venue
avec sa petite-nièce pour la saison. Une calèche nous
a conduits, sur la route de Bastia à Caldaniccia, dans la
vallée de la Gravona. C'est un endroit charmant, sauvage
et solitaire; une seule famille habite l'unique maison,
assez grande pour recevoir quelques baigneurs. La source
minérale jaillit près d'un fourré d'aloès aux feuilles
épaisses, charnues, se terminant par une pointe acérée,
aiguë comme celle d'un stylet. Du sein de chaque plante
s'élève une forte tige, haute et droite comme un jeune
peuplier, portant fièrement à son sommet un bouquet de
fleurs. Au milieu des prés, paraissant fort tranquilles et
exemptes de soucis, trois ou quatre belles chèvres aux
pendantes mamelles, quelques noires brebis et deux
vaches à l'œil calme et doux, broutent avec délices la
luzerne fleurie, quand, — oh! le terrible progrès! — un
coup de sifflet strident a retenti, et une vulgaire, lourde

locomotive, traînant à sa remorque des wagons enfumés et poussiéreux, apparaît, contournant la montagne. Les pauvres bêtes, affolées, beuglent lamentablement, et partent, dans une course effrénée, vers les fourrés de myrtes et de lentisques.

Se figure-t-on un chemin de fer en plein maquis? C'est une profanation de ce sol vierge!... La civilisation pénétrera-t-elle ainsi dans ces montagnes perdues, et ne fera-t-elle pas alors disparaître ces vertus primitives, apanage du peuple corse?

Le paysan a vu avec peine ce nouvel état de choses; le soir, aux veillées, on chante un *lamento* sur les chemins de fer. Je veux le reproduire ici.

## LAMENTO DEL CAMINADI FERA

Or tu trenu di Bastia
est fatu per li signori.
    Prianzinu li caritieri,
suspiranu li pastori.

    Stiti alecre, Curtinevi,
cutenti li Vivariaci!
    Quande lu falu lu trane,
friseti vi li mustacci.

    O cumpa lu mio cupari
pinzatu adio una gosa.
    Quande lu falu lu trenu,
tirali una mitraliosa.

    Or tutti li nostri piani,
junimucci la granoni.
    Qui lu latue di lu trenu,
nun cunsunma que carboni.

Le chemin de fer de Bastia
est fait pour les seigneurs.
    Pleurent les charretiers,
soupirent les pasteurs.

    Restez contents, Cortésiens,
heureux les Vivariosins!
    Quand le train descend,
frisez-vous les moustaches.

    Adieu, son de mes cloches
qui appellent à la prière.
    Quand le train descend
c'est le bruit d'une mitrailleuse.

    Or toutes nos plaines,
ensemençons-les de maïs.
    Car le train, ce voleur,
ne consume que du charbon.

| | |
|---|---|
| Non voliu piu andare a la messa, ne meme a binidisione; | Je ne veux plus aller à la messe, ni même à la bénédiction. |
| Mi ni voliu andari in nun boscu a dinri li mia rasioni. | J'irai dans le bosquet solitaire pour dire mes oraisons. |
| O angeli! lu mio angelimi! prepareti la mubila. | Ange du ciel! mon Angéline! prépare le mobilier; |
| Est mititula in vitura tula la nostra familla. | Mets-le dans la voiture avec toute notre famille. |
| Qui soldi da me lu trenu sinque campu me nitocu. | Car le chemin de fer n'aura pas mon argent tant que je vivrai. |

J'ai l'intention d'aller aux eaux d'Orezza; mais pour me rendre à Bastia je ne profiterai pas du chemin de fer : chacun ses goûts; j'irai en bateau par mer.

Pendant que la calèche roulait nous ramenant à Ajaccio j'écoutais, plongée dans une douce rêverie, la *ballata,* sorte de mélopée lente et monotone, que chantait notre cocher. La jeune fille de Siché qui nous accompagnait me la traduisait; en voici le sens :

Un homme avait été assassiné; le coupable était inconnu. Un parent de la victime un jour donna le *rimbecco* au fils de celui-ci, un coup de stylet mortel répondit à l'injure.

Donner le rimbecco signifie que l'on ne sait pas se venger, c'est l'insulte la plus cruelle que l'on puisse faire à un Corse.

Dans la ballata, le bandit se plaint en termes naïfs et imagés de n'avoir pu venger son père mort et d'être banni pour un indigne.

Ces ballata ou romances, fleurs sauvages et poétiques, sont très répandues en Corse. Les enfants et les jeunes gens les redisent en chœur le soir dans la nuit étoilée.

Ajaccio, 8 août 1890.

Sur la place des Diamants, à un des angles, près de
l'hôpital, la double haie des platanes s'arrête, et dans cet
espace vide la statue équestre de Napoléon I<sup>er</sup> se dresse

Ajaccio. — Groupe des cinq frères Bonaparte.

nette et vigoureuse, tournée vers les flots bleus de la mer
immense. L'œil scrutateur du grand homme semble chercher, dans la contemplation de cet infini, le problème
grandiose, le rêve ambitieux de sa vie.

Brillant météore, don princier que la Corse fit à la
France l'année de son annexion; ses compatriotes en sont
fiers à juste titre, et l'image de leur empereur est repré-
sentée partout, aussi bien dans la chaumière du berger
par une image de quelques sous, que par la statuaire sur
la place des Diamants.

Aux quatre angles du piédestal sont placées les statues des quatre frères du héros : Louis, Joseph, Jérôme et Lucien.

Sur le rivage on montre la grotte historique, endroit privilégié que Napoléon affectionnait. Tout jeune enfant il allait y jouer, puis étudier; plus tard, lorsque le gou-

*Ajaccio. — La grotte Napoléon.*

verneur de la Corse l'eut fait admettre à l'école de Brienne, en revenant pendant les vacances au sein de la famille, il se rendait avec amour dans sa chère solitude, il y passait de longues heures, pensant, travaillant, songeant aux grands capitaines et à la gloire des combats.

Ce cabinet de travail, si peu ordinaire, n'a-t-il pas contribué à développer le génie du grand homme? Je le croirais volontiers. Se figure-t-on ce roc creusé pour un seul, et cet heureux habitant doué d'une intelligence supérieure, dont la conception d'esprit était prompte, sûre et facile, élaborant, devant un horizon vaste et grandiose, des plans proportionnés à ce même horizon, bercé par la grande voix de l'Océan!

La maison de la famille Bonaparte m'a causé une surprise. Je ne croyais pas qu'il y eût autant de splendeurs

Ajaccio. — Maison où est né Napoléon I<sup>er</sup>.

dans l'île à cette époque. Tout y est en bon état, bien entretenu.

Le cicerone fait remarquer la chaise longue sur laquelle M<sup>me</sup> Lætitia donna le jour à son fils. La salle des fêtes est magnifique. La chambre de Napoléon, petite et très simple, possède une trappe qui lui permit d'échapper à une conjuration, de gagner, par un passage souterrain, la plage où un canot l'attendait pour le transporter sur le continent.

Ajaccio, 14 août 1890.

Nous avons passé la journée d'hier à Eccica-Suarella. Partis de bonne heure d'Ajaccio après notre bain du matin, ce ne fut qu'à trois lieues de la ville que le conducteur de la voiture m'avoua avoir égaré la lettre que je lui avais remise la veille pour prévenir nos amis de notre visite. Comme je m'inquiétais à la pensée d'arriver quatre personnes dans une famille sans crier gare, et que je trouvais le procédé peu correct, le cocher me rassura :

« Je leur ai dit qu'ils auraient de la visite, ça suffit. »

La route de Suarella est celle de Sartène jusqu'à Cauro. Avant d'atteindre ce dernier pays on prend à gauche un sentier assez étroit, presque invisible dans l'enchevêtrement des ronces et des branchages, se rejoignant en dôme fleuri à quatre pieds au-dessus du sol. Il faut des chevaux du pays pour suivre ce chemin sans danger. On descend la montagne presque à pic, en côtoyant à gauche un précipice, au fond duquel la vallée verte et fertile étend ses riches moissons. Les arbres fruitiers sont très nombreux et produisent abondamment; la vigne y prospère et donne un vin exquis.

Enfin nous sommes au village; la voiture poudreuse nous dépose devant une belle et grande maison, où sur le seuil la famille Levigoni nous attendait. Et tous en nous voyant s'exclament joyeusement. J'étais heureuse de les voir et ravie du plaisir et de la douce surprise que leur causait notre visite. On ne se méprend pas à ces réceptions spontanées, cordiales. L'hospitalité corse, comme l'hospitalité écossaise, ne peut être appréciée que lorsqu'on l'a connue. Le maître de la maison était absent; il ne vient chez lui qu'à certains jours, occupant une place au pénitencier de Ghiavari.

Après un déjeuner succulent et copieux, les demoiselles Poli, que nous avions également connues aux eaux d'Urbalacone, sont venues nous chercher pour nous conduire à leur demeure; il a fallu recommencer à manger des calistrons et à boire leur vin le plus vieux. On nous a conduits ensuite chez un cousin de nos hôtes; là, encore nouveau lunch. Quel estomac complaisant il faut avoir! Il serait impoli de manquer d'appétit.

Le village est coquet, la température toujours égale. Les montagnes qui l'environnent l'abritent des vents du nord, ce qui explique le développement magnifique des orangers et des citronniers. Près des dernières maisons une cascade bondit sur les aspérités d'un roc élevé; elle bouillonne et tombe blanche d'écume sur un lit moelleux de fine mousse verte. La poussière d'eau, que les rayons u so ei co oren e ons iris , me es go e e tes brillantes sur l'extrémité dentelée des fougères; on éprouve une fraîcheur délicieuse en ce recoin charmant. Un chemin creux, bordé de vigoureuses haies vives, conduit à l'église très propre, coquette et soignée; à côté il y a depuis peu un cimetière, ce qui indique que ce pays est plus civilisé que nos montagnes de Siché.

Ce fut dans le défilé d'Eccica Suarella que le vaillant Sampiero, traîtreusement assassiné par l'écuyer Vittola, termina sa glorieuse vie.

Quand le soleil commença à s'incliner derrière les montagnes et que ses rayons affaiblis nous enveloppèrent seulement d'une tiède et molle caresse nous prîmes congé de nos bons amis. Nous ne nous oublierons pas, mais quand nous reverrons-nous? Les braves cœurs sont rares en ce triste monde, le souvenir fidèle gardera pieusement leurs noms.

Nous quittons demain Ajaccio; notre temps a été bien employé, et pourtant c'est avec joie que je songe à retrouver mes montagnes.

Sainte-Marie-Siché, 17 août 1890.

Dans la diligence nous avions pour compagnon de voyage le plus aimable des vieillards. Il habite Palneccia, village situé en pleine montagne, tout auprès des neiges immaculées que l'on aperçoit de Siché. Son pays est ravissant l'été, il nous a invités à venir le voir. Orso Anton Pietri est très vigoureux et porte allègrement ses soixante-quinze ans; il a servi comme sergent au bataillon des vol-rses. Que d'histoires émouvantes il m'a racontées! J'étais sous le charme. Nous étions encore dans les faubourgs d'Ajaccio, qu'Orso Anton me montrait de loin, sur la gauche et à l'extrémité du golfe, une plaine peu étendue, mais si fertile qu'on l'a appelée Campo di Loro. Jamais la végétation n'y sommeille, et la terre produit au centuple ce que la main de l'homme veut bien lui confier.

Les bergers de Bastelica, qui descendent l'hiver à la plage, conduisent leurs chèvres et leurs brebis à cet endroit privilégié. Or au temps de la domination génoise, vingt et un bergers se trouvaient réunis au bord de la Gravona, qui arrose Campo di Loro. Ils devisaient tranquillement, oubliant la tyrannie de leurs ennemis. Mais les Génois, qui avaient en horreur Bastelica, la patrie de Sampiero, informés de la présence des bergers, envoyèrent neuf cents hommes pour les attaquer. Surpris mais non épouvantés, les montagnards se défendent courageusement; ils font des prodiges de valeur. Un instant on put même croire que la vaillance de la si petite troupe aurait raison de ses lâches agresseurs. Malheureusement les munitions des bergers s'épuisaient; alors, dans cette lutte suprême pour la vie et la liberté, ils se servirent de la crosse de leur fusil comme d'une massue, et chaque Génois qui s'avançait était infailliblement assommé. Ils en firent un vrai carnage, et périrent glorieusement en combattant. Un seul des braves survécut à ses compagnons; il fut décapité peu de jours après par ordre du gouverneur.

Une semaine plus tard, un autre berger de Bastelica, un septuagénaire, dont les deux petits-fils faisaient partie des vingt et un malheureux massacrés à Campo di Loro, gardait son troupeau dans le même endroit. Un cavalier génois l'aperçoit, et sans aucun motif lui porte un violent coup de sabre. L'élan avait été maladroit, l'arme tomba par terre; prompt comme l'éclair le berger la ramasse, l'enfonce dans le ventre du cavalier, saute prestement sur le cheval et disparaît.

Une autre histoire, que me raconta encore Orso Anton, peint très bien le caractère local.

Au xviiie siècle, le régiment de Flandre tenait garnison à Ajaccio; deux grenadiers désertèrent. Ils étaient dans la campagne, cherchant l'ombre et la sécurité des bois, quand ils aperçurent soudain leur colonel. Effrayés, les deux

coupables gagnèrent le rivage et s'enfoncèrent dans un
marais, au milieu des roseaux touffus et élevés qui les
dérobaient à tous les yeux. Le colonel n'avait rien vu, ils
étaient sauvés. Son attention fut cependant attirée par les
gestes d'un berger, qui obstinément lui désignait le maré-
cage. L'officier, ne comprenant pas le but de cette mimique
expressive, crut qu'il s'agissait d'un sanglier, et à tout
hasard lança ses chiens. Blottis dans la vase bourbeuse,
les malheureux, tremblants, apeurés, furent découverts
par la meute. On les mit en prison, puis le conseil de
guerre les condamna à la peine de mort. Le berger reçut
quatre pièces d'or pour prix de sa trahison. Quand la
nouvelle de cette aventure fut connue, ce fut un immense
cri d'indignation. Les parents du délateur organisèrent
une sorte de tribunal de famille; le berger, renié de tous,
fut condamné à mourir de la même manière et au même
moment que les deux soldats qu'il avait livrés. En effet,
on l'amena garrotté à Ajaccio; un religieux vint sur la place
publique lui donner l'absolution dernière, et le traître
tomba frappé d'une balle, pendant que les deux déserteurs
étaient fusillés.

Orso Anton aime passionnément son pays. C'est un
homme intelligent, qui déplore l'abandon du sol et la
pauvreté qui en résulte. Il ne comprend pas, ni moi non
plus, comment des continentaux entreprenants n'aient
pas eu l'idée de coloniser, d'exploiter, de mettre en culture
ces immenses terrains si remarquablement productifs.

Depuis mon arrivée en Corse je désirais avoir un chez
moi, car malgré l'amabilité de nos parents nous sommes
trop nombreux pour rester plus longtemps leurs hôtes.

La difficulté était de trouver un local vacant; une occasion se présente, je ne la laisserai pas échapper. Un homme, habitant avec sa famille la dernière maison du village, sur la grande route qui mène de Siché à Zigliara, vient d'obtenir une place sur le continent, et bien vite je me propose comme locataire de son habitation. Pour une somme extrêmement modique nous serons très bien : deux pièces au rez-de-chaussée, au premier deux chambres à coucher. La vue y est superbe; la solitude, que j'aime tant, est complète, la maison étant relativement éloignée du village. Elle est bâtie dans un enfoncement du roc, sur lequel s'élève la chapelle de sainte Réparate. Dans la journée j'aurai le voisinage d'un cordonnier dont l'atelier est tout près, le soir il gagne son logis dans le fond du pays.

Le tableau splendide, l'horizon grandiose variant à toute heure ses couleurs et ses aspects, je le contemple avec une douce ivresse. Les vrais appréciateurs du beau me comprendront.

Sainte-Marie-Siché, 23 août 1890.

Mon voisin le cordonnier est un ancien bandit; il l'a été et recommencera certainement à la première occasion. En deux mots voici son histoire :

Adolescent encore il avait compromis une jeune fille. En Corse cela ne se pardonne pas; on exige la réparation ou gare la vendetta! Mais d'abord on parla mariage. Malheureusement le père de la fiancée aimait l'argent; au cours d'une discussion d'intérêt, les têtes s'échauffèrent et les choses s'embrouillèrent si bien, que les projets de mariage furent rompus : une haine mortelle s'ensuivit. Un jour Blaise se servit de son stylet, et le pauvre vieux tomba pour ne plus se relever. Le coupable gagna le maquis; pendant deux ans il réussit à s'y cacher, l'hiver enveloppé de son *pilone*, manteau à capuchon très épais, l'été se grisant de liberté et de cet air sauvage du maquis aux senteurs âpres et troublantes. Après ces deux années de vie errante, Blaise eut envie de vivre au grand jour. Fatigué de se cacher, de trembler au moindre souffle du vent dans les bruyères, il vint se constituer prisonnier. Le tribunal d'Ajaccio le condamna à cinq ans de travaux forcés. A l'expiration de sa peine il rentra dans son village et ses compagnons lui firent une ovation; car ici le mot bandit n'est pas un terme injurieux, il signifie banni. Ceux qui sont pris et condamnés ne fréquentent point au bagne leurs compagnons d'infortune; fiers et dignes, leur crime, enfanté par les préjugés, laisse leur conscience à l'abri du remords. Ils sortent de ces lieux d'infamie sans être salis par le contact des misérables que la société rejette de son sein. Aussi à son retour les mains se tendaient vers le sympathique Blaise, que l'on considérait comme une victime, martyr de la civilisation. Alors il devint cordonnier, métier qu'il avait appris étant forçat.

Peu de mois après, encore pour affaire d'intérêt, Blaise se prit de querelle avec son beau-frère, et une haine farouche emplit de nouveau le cœur de mon bandit, si bien qu'un soir, en passant sur le pont, il vit son ennemi couché, endormi sur le parapet; la rage, la fureur l'aveuglèrent, il bondit sur le dormeur son stylet à la main et lui en porta plusieurs coups vigoureux. Heureusement des amis l'entourèrent et le désarmèrent; mais le beau-frère avait un œil crevé et de profondes blessures. Après quelques semaines de séjour dans le maquis, une entente eut lieu; les deux frères ennemis se rendirent à Ajaccio, ils se réconcilièrent et s'embrassèrent devant le tribunal, qui, satisfait, acquitta le prévenu.

Actuellement mon bandit est le plus honnête, le plus serviable, le plus dévoué des gens du pays. Je le vois arriver à l'ouvrage tous les matins, grave, sérieux, presque farouche. Un jeune apprenti l'aide dans son travail; celui-ci chante toute la journée des *ballata* et des *lamenti*. Au physique, Blaise est petit, très brun, d'une physionomie énergique et fière; ses yeux très vifs lancent des éclairs; on voit qu'à la première occasion, la main qui a déjà frappé n'hésitera pas à se lever encore.

Tel est mon voisin. Pour rien au monde je ne changerais mon aimable bandit; si par impossible un danger nous menaçait, nous serions bien gardés et bien défendus.

Sainte-Marie-Siché, 26 août 1890.

Je viens d'assister à une cérémonie toute particulière que je vais raconter en détail.

Hier la cloche de Sainte-Réparate tintait tristement un glas lugubre; un fidèle venait de trépasser. La défunte était une vieille femme habitant dans sa famille à peu de distance de chez moi. A l'appel lugubre des sons aériens, tout le monde accourut et pénétra en foule dans la maison mortuaire dont les portes et les fenêtres étaient grandement ouvertes. La morte était exposée, revêtue de ses plus beaux vêtements, sur un canapé ou divan étroit pouvant servir de lit, meuble pratique que l'on trouve dans toutes les maisons corses. Plusieurs cierges brûlaient autour. Tout près se tenait une jeune femme, affaissée sur elle-même, le corps soulevé par de longs et bruyants sanglots. C'était la fille de la défunte; elle avait subi depuis deux jours seulement les épreuves de la maternité. Derrière elle venait un grand nombre de femmes qui, pressées les unes contre les autres, occupaient tout un côté de la chambre; de l'autre étaient rangés les hommes, debout, tête nue, les yeux fixés sur le cadavre, observant un profond silence. Chaque nouveau visiteur embrassait pieusement la morte d'abord, ensuite les parents, puis prenait place dans le cercle sans proférer une parole. De temps en temps un des assistants rompait le silence solennel pour adresser quelques mots à la défunte.

« Pourquoi as-tu quitté ta bonne fille, disait une matrone, n'étais-tu pas heureuse avec nous? Que te manquait-il? Pourquoi ne pas attendre quelques mois encore? le dernier-né de tes petits-enfants aurait pu t'appeler par ton nom, et sa faible main t'aurait retenue sur la terre! »

Tout cela était dit sur le ton de la psalmodie, coupé de longs silences.

La *voceratrice*[1] alors se plaça près de la morte, et, debout, le regard fixé sur le cadavre, elle commença d'une voix d'abord lente et monotone son improvisation. Après chaque strophe elle se taisait un instant; le silence reli-

[1] Femme désignée à l'avance pour improviser en l'honneur du défunt un *lamenti* ou *vocero*.

gieux n'était troublé que par les sanglots des assistants.
Mais la voceratrice s'anime et s'exalte; l'inspiration lui
arrive avec force, les paroles imagées, les expressions
poétiques se pressent et débordent de ses lèvres, ses
accents précipités, son âme ardente, qu'elle dévoile tout
entière, lui donnent la majesté d'une prophétesse antique;
mais l'émotion l'étreint, elle tord convulsivement dans
ses mains son mouchoir crispé, se jette sur le cadavre,
qu'elle embrasse avec frénésie, se relève brusquement,
pour recommencer encore, et c'est à travers les cris et les
larmes que s'achève la ballata. Hommes et femmes san-
glotent. Ce spectacle de douleur m'a profondément émue.

Quand l'émotion générale se fut calmée, la jeune femme,
fille de la défunte, essaya de parler et d'improviser, mais
la douleur la terrassa; on dut l'emporter évanouie. Alors
une dizaine de commères s'approchèrent et se rangèrent
de chaque côté du canapé; ce fut un mélange confus de
cris, de gémissements, d'interpellations à la morte, le tout
accompagné de longs et lents gestes, semblables à ceux
qu'emploient les magnétiseurs pour dégager le fluide et
le distribuer à leurs sujets. Le calme revint ensuite dans
la chambre mortuaire, et une bonne vieille femme, dévotement agenouillée, récita à haute voix les prières du
rosaire en latin. Il n'y eut aucun changement pendant la
nuit; la foule des parents et des amis ne quitta pas la
maison, les lamenti alternaient avec les prières pieuses.
A huit heures du matin l'enterrement eut lieu; tout le
pays y assistait. Le service religieux dure peu et n'offre
aucun caractère particulier; le prêtre prononce les dernières prières à la porte de l'église, puis se retire; jamais

il n'accompagne le cercueil jusqu'à la tombe. Pendant cette sorte d'adieu suprême du ministre de Dieu à la dépouille mortelle du fidèle, la nature en fête exubérait : les merles moqueurs sifflaient joyeusement, se balançant aux branches grêles des oliviers; les petits lézards gris, paresseusement étendus sur la pierre du temple, aspiraient avec volupté les chauds rayons du soleil; sous l'éblouissante clarté, les traits de la morte, solennels et rigides, semblaient sculptés dans un bloc d'albâtre. Le convoi gravit la petite côte jusqu'au champ de la famille; le cercueil n'est fermé qu'alors, au moment de le descendre dans la fosse.

Je ne puis m'empêcher de comparer cette cérémonie à celles que l'on organise à prix d'or dans nos grandes cités : la porte de la maison mortuaire disparaît sous des draperies noires lamées d'argent, que l'administration des pompes funèbres applique et enlève avec une merveilleuse dextérité; le corbillard, plus ou moins empanaché, est attelé de chevaux encapuchonnés dont les yeux, brillant sous l'étoffe noire, m'ont effrayée longtemps dans mon enfance. Quelques indifférents accompagnent le corps à l'église en causant œuvres d'art, sport, duel ou toilette ; l'oubli existe déjà. Dans le saint lieu, l'office terminé, à la place du cercueil on installe deux prie-Dieu de velours, sur lesquels deux jeunes époux s'agenouillent, échangeant leurs serments, unissant leur vie.

En Corse, lorsque le défunt a péri de mort violente, les coutumes locales ont un caractère particulier. Les femmes se déchirent le visage avec leurs ongles, en criant : « Vendetta! vendetta! » Les hommes s'arrachent la barbe, frappent le sol de la crosse de leurs fusils, et répondent aux femmes : « Vendetta! vous l'aurez, la vendetta! »

Les lamenti ont alors une exaltation, une fureur sauvage. La veuve s'enferme dans sa chambre, dont les persiennes restent closes; elle n'en sort que lorsqu'un de ses parents a vengé le défunt. Quel que soit le cas, le deuil est très long et très rigoureux. Dans certaines contrées, la veuve se teint les dents et les ongles en noir; partout elle cache soigneusement sa chevelure sous un épais fichu de mérinos noir, sur lequel la jupe de même étoffe est relevée; cela s'appelle *falletti*.

Sainte-Marie-Siché, 30 août 1890.

En cette saison que les nuits sont belles et que j'aime à les étudier! Lorsque tout dort autour de moi, lorsque le silence solennel plane dans l'ombre sur la nature qui repose je quitte ma maisonnette. Lentement je marche sans but; le hasard guide mes pas, et, la pensée perdue dans l'immensité, j'écoute, muette et charmée, les mille petits bruits à peine perceptibles qui ravissent l'âme sachant comprendre l'adorable langage de la nature : c'est une source lointaine qui bruit sous la mousse, c'est un insecte qui s'agite sur une feuille de fougère, c'est un petit oiseau qui se blottit plus commodément gazouillant en rêve sous l'aile maternelle, c'est une brise légère qui apporte à mon odorat subtil les senteurs les plus exquises dérobées aux fleurs du maquis, et, de loin en loin, l'argentine clochette suspendue au cou d'un bélier, tintinajo du troupeau, dont j'aperçois, sous la blanche clarté de la lune, la fine silhouette se détachant en ombre nette et accusée sur le rocher abrupt. Que ces heures silencieuses sont exquises! Combien alors les luttes pour la gloire, les richesses, l'ambition semblent mesquines! Le vrai bonheur est bien près, chacun le possède en soi. Savoir admirer le beau, pouvoir le dégager de la matière, en découvrir la poésie, quelle suprême jouissance! Comme Lamartine je dirai :

« Je me sens un peu de rosée dans le cœur quand je suis bien seul avec la nature. Tout ce qui traverse seulement cette solitude trouble ou interrompt l'entretien muet entre le génie de la solitude, qui est Dieu, et moi. La langue que la nature parle à mon âme est une langue à voix basse; le moindre bruit m'empêche de l'entendre. Dans ce sanctuaire, où l'on se recueille pour rêver, méditer, on n'aime pas à entendre derrière soi un pas étranger. »

Voilà pourquoi, pensant comme le poète, j'aime à m'éloigner, le soir, sur la montagne. Quand je regagne mon logis, je trouve sous le grand chêne, devant l'église de Sainte-Réparate, des groupes d'hommes et de jeunes gens; ils jouent de la guimbarde, sorte de petite lyre en métal que l'on place entre les dents et qui produit un son monotone, aigu et métallique; c'est l'accompagnement des lamenti, que plusieurs chantent en chœur.

Mon amour pour la solitude ne m'a pas rendue misanthrope. Si ma nature se plonge avec ivresse dans les mélancoliques rêveries, elle sait aussi aimer, plaindre et souffrir. Pour vivre dans l'isolement complet il faudrait avoir les vertus austères des saints anachorètes, savoir se détacher de tous liens terrestres; l'idée seule de me comparer à ces saints personnages me fait rire aux larmes. Je vois tellement de monde dans la journée, qu'il m'est impossible d'y prendre une minute pour lire ou écrire. Ma belle-sœur est souvent avec moi; sa petite Germaine commence à gazouiller en me tendant les bras « ô tante! », en vraie petite Corse qu'elle est; chaque appellation ici est toujours précédée de « ô ». J'ai ensuite un cercle intime de jeunes filles et de braves gens, dont plusieurs ont été bandits. C'est d'abord Claire Pichetti, seize ans, charmante blonde aux grands yeux noirs; les plus beaux fruits du jardin et de la vigne de ses parents me sont gracieusement apportés par elle chaque matin. Ensuite je vois timidement approcher Sébastien Guglielmi, adolescent de quinze ans, avec sa petite sœur Rose, trouvant pour prétexte de leur visite le don d'une corbeille remplie de muscats dorés et de belles figues fraîches, humides de la rosée du matin. Puis c'est la petite Mini Valli, très vaillante pour ses treize ans; après avoir soigné sa petite sœur et sa vieille grand'mère elle vient en courant, avant d'aller à l'école et en sortant de classe, mettre de l'ordre dans mon modeste ménage.

Je m'arrête dans l'énumération de mes amis, car il faudrait nommer tous les habitants de Siché, à commencer par la bonne vieille Xavière Guglielmi, les demoiselles Pétroli; tous viennent, m'apportent les légumes de leur jardin et les fruits de leur verger. Pour reconnaître ces gracieusetés, j'offre soit un foulard, soit un mouchoir de couleur, aux enfants un morceau de sucre. On me trouve fort aimable, mais je mérite peu cette réputation malgré toute ma bonne volonté, ayant beaucoup de mal à me faire comprendre de ceux qui ne parlent pas français. Cependant, quand on s'exprime lentement, je saisis le sens, et je réponds en estropiant le peu que j'ai retenu, tout en faisant de grands gestes.

Les femmes âgées ont conservé l'habitude de lancer un petit jet de salive sur l'enfant qu'elles caressent, en marmottant entre leurs dents : *Per la benediction de Diou.* Cette invocation a pour but d'éloigner les mauvais esprits qui voudraient nuire au petit être. Ma fille n'a pas du tout été charmée d'être l'objet de cette marque de distinction.

Sainte-Marie-Siché, 5 septembre 1890.

Avez-vous parfois, ami lecteur, assisté à l'abatage d'un gros arbre? Je ne parle pas d'un arbre que l'atmosphère du boulevard a étiolé et que l'on arrache lorsqu'il n'a plus de vie, mais d'un bel arbre majestueux et superbe, plein de sève, couvert de feuilles vertes. Ce massacre est pour moi palpitant d'intérêt.

Mon beau-frère avait acheté, pour la minime somme de vingt francs, un superbe chêne vert. Sa hauteur était de huit mètres, le développement des branches considérable. Deux Lucquois travaillaient à terrasser le robuste géant; la sueur ruisselait sur les visages bronzés; les coups, sans cesse répétés, résonnaient sur le bois dur, la cognée faisait voler en éclats des parcelles d'écorce moussue; à l'entour s'exhalait une âcre senteur de sève. Puis la scie grinçait en se frayant difficilement un passage, brisant avec peine les fibres serrées, humides, pleines de vie. Soudain un craquement sinistre, un brisement lamentable se fait entendre; le dôme majestueux, où les paquets de glands se groupent avec profusion, oscille, comme sous l'effort d'une violente tempête. « Arrière ! » crient les Lucquois, qui eux-mêmes bondissent à une respectueuse distance. Tout le monde court, se met hors d'atteinte, et dans le silence de l'anxiété on observe. Le roi des forêts hésite, chancelle. Regrette-t-il la vie et les sucs nourriciers que ses racines avides allaient voluptueusement chercher au sein de la terre? L'homme l'a vaincu. Avec un grand fracas il tombe, plein de majesté, superbe, entraînant dans sa chute le mur en pierres sèches qui borde le chemin.

Alors on s'approche, on admire le géant tombé. Je considère tristement la blessure profonde d'où la sève généreuse suinte lentement, pendant que des nuées d'enfants, y compris Julien, s'élancent à califourchon sur les branches flexibles qui les balancent dans les airs comme des oiseaux joyeux et rieurs.

Au point de vue de la production forestière, la terre possède une puissance de sève sans égale en Europe. Les arbres les plus rares atteignent en très peu de temps un développement exceptionnel. Le chêne vert, que j'avais vu dans le midi de la France petit et rabougri, atteint ici jusqu'à douze et quinze mètres de hauteur. Les châtaigniers sont magnifiques et produisent abondamment; tous les arbres fruitiers donnent des produits exquis.

Malgré le déboisement des côtes par les Génois, cause de l'insalubrité de ces belles et fertiles contrées, il y a encore quarante-six forêts, contenant grand nombre d'espèces indigènes d'arbres, d'arbrisseaux et d'arbustes. Sur les hauteurs on rencontre le pin Laricio, le plus bel arbre d'Europe. Son tronc est lisse, uni; il s'élève, droit et vigoureux, jusqu'à quatorze mètres du sol; le dôme royal que les branches forment à cet endroit mesure jusqu'à trente mètres de diamètre. Le bois en est tellement dur, qu'on hésite à l'abattre; il faut un séjour un peu prolongé dans l'eau pour permettre de le travailler. Aux jours de fête on rassemble du bois mort autour d'un sapin, on y met le feu, et depuis la base jusqu'au sommet l'arbre brûle comme un immense cierge, avec des crépitements et des étincelles, lorsque la flamme s'attaque aux branches et aux feuilles vertes.

La nuit dernière tout le pays était en émoi. La cloche de Sainte-Réparate sonnait lugubrement dans l'ombre, avec des vibrations profondes et troublées. Inquiète, étonnée, j'ouvris ma fenêtre et un cri d'admiration s'échappa de ma poitrine. Un horizon de feu illuminait magiquement les ténèbres de la nuit; le maquis brûlait, et les flammes, que l'on n'avait pu limiter, s'étendaient avec une rapidité dévorante sur toute la crête de la montagne. Une faible brise les faisait onduler; avidement elles se penchaient sur leur proie et embrasaient avec volupté les myrtes, les arbousiers, les bruyères et les hautes fougères. Parfois elles enlaçaient un gros chêne; l'éclat du brasier alors devenait plus vif, les oiseaux qui abritaient leur repos sous le feuillage touffu s'enfuyaient à tire-d'aile en poussant des cris éperdus, tandis que les hiboux et les chauves-souris, aveuglés par la brillante lumière, tournoyaient en rond.

Incendie en forêt.

Chacun, affolé, tremblant pour ses récoltes, s'était rendu sur le lieu du sinistre. Tous, armés d'une pioche, d'une bêche, de piques, de faux, s'élançaient vers la fournaise, abattant et coupant les épais taillis pour empêcher les flammes de se propager davantage. Les efforts, intelligemment dirigés par les braves gendarmes, amenèrent le résultat souhaité, et au matin tout était rentré dans le calme.

Dans la journée qui avait précédé cette nuit d'alerte, on avait dit : « Le feu est au maquis! » Mais c'est une chose très fréquente à cette saison, et qui ne surprend personne. On voit une flamme claire surgir derrière une colline; cela produit un très joli effet le soir : on dirait l'éruption subite d'un volcan. L'explication du phénomène est fort simple. Un propriétaire désire un pâturage pour l'année suivante; les arbustes fleuris et embaumés du maquis ne lui sont d'aucune utilité, il faut les sacrifier. On y met le feu. Les cendres fument la terre, qui produit l'année suivante une herbe grasse et épaisse. L'incendie de la nuit dernière n'a pas eu d'autre cause. Le feu s'est propagé à cause de la chaleur excessive de la saison. Le sol était brûlant; les fougères, les arbustes, desséchés par les rayons du soleil, se sont enflammés à la première étincelle, mais grâce à Dieu il n'y a pas eu d'accident, et nous en avons été quittes pour la peur.

Sainte-Marie-Siché, 0 septembre 1890.

Mes membres courbaturés garderont quelques jours la trace d'une fatigue d'une marche forcée, mais dans ma mémoire, dans ce que j'appelle ma galerie de souvenirs, s'est gravée une peinture nouvelle, agreste et charmante.

De très bonne heure, hier, les chauds et vifs rayons du soleil, filtrant adoucis au travers les lames de mes persiennes, m'arrachèrent au repos du matin. Secouant toute idée de paresse, je me vêtis à la hâte, j'endimanchai Julien et Liline, à qui je fis mettre souliers et chaussettes pour la circonstance. En temps ordinaire, mes chers petits sauvages courent pieds nus, ravis de suivre l'exemple des autres enfants, que l'on ne chausse guère qu'à leur première communion.

Bientôt nous étions dehors, aspirant avec délices les parfums qu'une fraîche brise dérobait aux calices des fleurs, qui s'entr'ouvraient à peine. Des chèvres, par bandes de trois ou quatre, venant du maquis, où elles avaient librement passé la nuit, gravement, comme des personnes accomplissant un devoir, se rendaient seules au village, portant à leurs maîtresses leurs mamelles gonflées de lait; puis des vaches, des brebis, tout ce monde calme, paisible, tranquille, quittant un instant la liberté, avec la pensée de la ressaisir quand le tribut à l'homme serait payé.

La grande route blanche au loin serpentait sur la montagne, que nous gravissions en pente douce. Des groupes d'hommes, le fusil en bandoulière, de femmes, un foulard éclatant noué en fanchon sur les cheveux, d'enfants joyeux, en habits de fête, s'échelonnaient à perte de vue. Tous, nous nous rendions à Zilone, qui célèbre sa fête patronale le 8 septembre.

Cependant nous avions laissé à gauche la grande route pour prendre un sentier qui coupe en plein maquis, traverse Ambalzac et arrive enfin à Zilone. Les taillis touffus qui l'ombragent ont donné asile, sous l'ombre et la fraîcheur de leurs rameaux, aux fleurs les plus éclatantes et les plus variées. Au bord du fossé elles sont venues chercher la lumière et sourient au passant, dont l'œil charmé admire et leur variété et la goutte de rosée que supportent tendrement leurs pétales délicats. Les merles sifflaient avec allégresse; les perdrix rouges, émues par la vue des fusils, s'envolaient à tire-d'aile vers les grands chênes, où gazouillait la chère couvée.

Ambalzac, petit village que nous traversons, est muet, les portes sont closes; quelques poules picorent devant les maisons les rares grains d'orge et de maïs, les porcs cherchent avec inquiétude et en grognant leur nourriture. En passant, un mot sur ces humbles animaux, qui ont en ce pays leur part d'originalité. Ils vivent en liberté complète, chaque famille en possède plusieurs individus. Maigres, élancés, ils circulent lestement le long des chemins sur les rochers, se rendent, si tel est leur bon plaisir, au maquis, pour faire visite à leurs cousins germains les sangliers. Il en résulte une race bâtarde, bizarre, mais dont la chair est exquise.

Mais je reviens à Ambalzac, où j'ai constaté la solitude. Les habitants sont au village voisin dont, tout là-bas, les maisons grises, accrochées au roc, se confondent avec le granit. Celle de l'évêque d'Ajaccio, enfant du village, domine les autres, qu'elle semble écraser de la splendeur de ses deux étages et de sa blanche façade.

Les carillons joyeux remplissent les airs, planent sur les vieux toits, traversant les branches touffues des châtaigniers; l'écho des montagnes les répète au loin, et le pays tout entier, à bien des lieues à la ronde, apprend que Zilone est en liesse. L'église rustique regorgeait de monde, impossible d'y trouver place; nous nous mêlâmes à la foule compacte qui se pressait sur le parvis du saint lieu, à l'ombre des grands chênes. Au milieu d'un silence solennel, la voix sonore du prélat qui officiait entonnait : *Credo in unum Deum, patrem omnipotentem*, et la profession de foi des humbles croyants s'élançait à l'unisson de toutes ces robustes poitrines, sous la voûte du pauvre temple, que le soleil illuminait de ses rayons d'or.

Le soir, après les vêpres, nous assistâmes à la procession. En tête, les bannières et les oriflammes, puis la statue de la Vierge, portée par la confrérie des pénitents; ceux-ci étaient enveloppés d'amples manteaux rouges, dont le capuchon, rabattu sur la figure, les masquait entièrement, ils avaient un cierge à la main, et d'une voix tonnante modulaient : *Virgo virginum, virgo fidelis, ora pro nobis*. Ensuite venaient quelques jeunes filles qui avaient conservé leur blanche toilette de la première communion, à laquelle elles avaient cru devoir adjoindre, pour la solennité, des draperies de guipure, provenant d'un dessus de lit, avec des nœuds de ruban aux nuances fanées et bariolées; sur leurs têtes d'enfant, une couronne de fleurs d'oranger ayant servi à plusieurs générations. Après suivait la foule, empressée, se bousculant dans le plus pittoresque désordre. Derrière marchait l'évêque, entouré de nombreux prélats venus des villages voisins. Dans les rues, chaque matrone, debout sur le seuil de sa demeure, lançait à pleines mains de l'orge et du riz sur l'image sainte.

Le cortège suivit la grande route jusqu'à une croix de granit, plantée dans le roc, et revint par un autre chemin, au fond d'un étroit vallon verdoyant. Aux invocations multiples tous les assistants répondaient en chœur : *Ora pro nobis.* Ces belles voix pleines faisaient délicieusement tressaillir toutes les fibres de l'âme, tandis que l'écho des montagnes, troublé, fidèlement répétait de rochers en rochers : *Ora pro nobis.*

A un tournant du chemin j'ai remarqué deux vieillards, le mari et la femme, dont les membres, raidis par l'âge, se refusaient à une génuflexion. Ils étaient immobiles près de leur âne, vieux compagnon de misère, dont l'échine disparaissait sous des fagots de bruyère; dévotement ils se signèrent, et, joignant leurs mains calleuses, leur figure ridée illuminée d'un rayon de foi, ils attendaient, la tête pieusement inclinée, que la procession ait fini de défiler devant eux.

Après les cérémonies religieuses, les nombreux convives, oncles, cousins, amis, et même curieux et étrangers, affluaient dans chaque maison. La table de l'évêque, somptueusement servie, comptait cinquante couverts. Les enfants et moi, nous fûmes accaparés par des arrière-cousins des Guglielmi, mes braves amis de Siché. Le festin fut complet et se prolongea très tard.

Pour le retour on mit des chevaux à notre disposition. J'étais moins novice qu'à Urbalacone, et ce genre de locomotion ne m'effarouche plus. J'enfourchai bravement une jolie petite jument bai clair, que je ne me donnai pas la peine de diriger, la bête étant beaucoup plus savante et mieux expérimentée que moi. Quand une certaine distance était franchie, je mettais pied à terre, et, fraternellement, j'offrais ma monture à quelqu'une de mes compagnes de route. Julien et Liline allaient en croupe alternativement avec l'un ou avec l'autre.

Le crépuscule, de ses voiles sombres, enveloppait la route, doublant les proportions des grands chênes, auprès desquels apparaissaient, fantastiques, les fines silhouettes des chèvres. Mes voisins et voisines marchaient en silence, empreints d'une terreur superstitieuse; ils se signaient en tremblant devant les croix de bois, qui se dressaient dans l'ombre à la lisière d'un champ. Les enfants dormaient à demi, le sommeil ne tarda pas à les visiter quand ils furent installés dans leurs petits lits.

Sainte-Marie-Siché, 13 septembre 1890.

*Per la Madona*, quelle aventure! Je dormais profondément depuis plusieurs heures; ma pensée vagabonde errait dans le pays doré où voltigent les rêves, lorsque plusieurs coups, frappés précipitamment à ma porte, me réveillèrent en sursaut. Je me pique d'être forte et courageuse, cependant j'hésitais à ouvrir, ma maison étant complètement isolée. Mais on heurtait de nouveau violemment; j'entre-bâillai ma fenêtre et je distinguai confusément, à la blanche lueur de la lune, une forme masculine qui me parut géante, puis le haut d'un fusil, qui faisait une ombre longue et noire, s'étendant à perte de vue sur le rocher voisin. J'entrevis cela d'un coup d'œil. L'homme m'avait aperçue; il fit un pas sous ma fenêtre, la lumière de la lune lui tomba d'aplomb sur le visage, je vis une barbe longue, inculte, qui cachait en partie des traits accentués et des yeux noirs, expressifs, qui me suppliaient :

« Par pitié, au nom de l'humanité, ouvrez! ma vie est en jeu. »

Ma décision, sur-le-champ, était prise, j'avais deviné un bandit en danger; j'étais résolue à tout tenter pour le sauver. Je descendis vivement l'escalier et j'ouvris largement ma porte au proscrit. Il était temps; j'entendais résonner sur la route des pas pressés; on poursuivait le fugitif. Prudemment je soufflai ma bougie, et nous nous tînmes immobiles dans l'ombre, retenant notre haleine, comprimant de force, de nos mains, les mouvements précipités de nos cœurs, qui paraissaient d'une effrayante sonorité. Ma maison ne pouvait être soupçonnée.

« *Per la Madona,* je l'échappe belle! » grognait à voix basse mon compagnon.

Les pas s'éloignaient sur la route de Ziccavo. Quand tous les bruits se furent calmés, et que je me fus assurée, en risquant un œil au dehors, que la solitude et le silence promettaient la sécurité à mon hôte, je rallumai ma bougie, et je pus voir enfin celui que j'avais sauvé. C'était un homme d'une soixantaine d'années, robuste, vigoureux : une barbe grise embroussaillée tombait sur sa poitrine; son regard noir et vif respirait l'honnêteté en même temps qu'une violente énergie; il devait être terrible dans ses colères. Maintenant de bons sentiments, seuls, se lisaient

sur son visage bronzé. Grave et pénétré il repoussa la
chaise que je lui offrais, et, debout devant moi, appuyé
sur la crosse de son fusil, une main posée sur un énorme
pistolet accroché à sa *carchera*[1], son pilone dégrafé retenu
par ses larges épaules, un habillement de velours marron,
de hautes bottes emprisonnant le bas du pantalon, sur la
tête un bonnet pointu, *baretta pinsunta*, il m'adressa la
parole.

« Madame, me dit-il, je vous dois plus que la vie. la
liberté! J'y tiens tellement que je préfère courir le risque
journalier de tomber sous la balle d'un gendarme plutôt
que de me constituer prisonnier, bien que je sois à peu
près certain de n'être condamné par le tribunal d'Ajaccio
qu'à trois ou quatre ans de prison. La seule pensée de
passer un jour seulement de mon existence entre quatre
sombres murailles, moi à qui le maquis appartient, qui
y règne depuis dix ans, dont le domaine n'a pas de limites,
la perspective d'une séquestration me ferait mille fois
préférer la mort. Le service que vous m'avez rendu, Madame, est de ceux qu'on ne peut reconnaître. Je voudrais
pouvoir, par un dévouement sans bornes, vous prouver
que je ne suis pas au nombre de ceux qui oublient, malheureusement vous êtes Française, et peut-être allez-vous
bientôt regagner le continent; mais si, dans un temps
plus ou moins éloigné, vous revenez dans nos montagnes, n'oubliez pas que la vie de Giuseppo Bastellini
vous appartient.

« Nous vous connaissions bien dans le maquis; ils vous

[1] Ceinture de cuir renfermant les cartouches.

appelaient tous *la Francesa*. Souvent je vous ai vue, accompagnée de vos enfants, prendre une baie aux buissons, une branche aux bruyères, une fleur à l'aubépine blanche; je me tenais alors immobile à l'ombre d'un chêne pour ne pas vous effrayer, tellement j'étais touché de vous voir promener seule, confiante et sans crainte, malgré la triste réputation de nos maquis. Vous n'aviez pas tort, les bandits ne sont pas des brigands! Vos lois nous bannissent. Nous souffrons, mais nous n'attaquons qu'en deux circonstances : pour venger une offense et pour défendre notre liberté.

« L'hospitalité que vous venez de me donner est noble, généreuse. Vous êtes Française, Madame, mais vous êtes digne d'être Corse. »

J'étais surprise, étonnée d'entendre cet homme, à l'accoutrement bizarre, s'exprimer aussi facilement en termes choisis. Sur mon invitation pressante il posa ses armes dans un coin de la pièce, et comme il paraissait épuisé de fatigue et de faim je l'installai devant un respectable reste de bruccio, qu'il arrosa de bon vin de Campo et d'un petit verre de cette excellente eau-de-vie corse, bien supérieure à celle de Bourgogne. Lorsqu'il fut restauré, je lui demandai de me raconter son histoire; il s'exécuta de bonne grâce :

« Il faut que vous sachiez, Madame, me dit-il, que j'appartiens à une illustre famille; mes aïeux étaient *Caporali*[1]. Mes terres s'étendent depuis le canton d'Ornano jusqu'à cette montagne grise, que l'on voit de l'autre côté

---

[1] Espèces de tribuns nommés par le peuple vers l'an 1100 pour soutenir leur révolte contre les seigneurs montagnards.

du col Saint-Georges. Mon père était aimé de tous, de ses voisins, de ses bergers; ma mère, dont je me rappelle vaguement les yeux noirs, admirables, les blonds cheveux, et surtout les douces caresses, mourut jeune. Quand la mère n'est plus là pour animer le foyer, que peut être la famille? que devient l'enfant?

« Mes premières années furent livrées à l'abandon. Le plus souvent possible je faisais l'école buissonnière, prenant dès mon réveil ma course vers le maquis et les grands bois. En rentrant le soir au logis, mon père, qui avait passé sa journée à chasser ou à jouer à la *scopa*[1], ne s'était pas aperçu de ma fugue; il m'embrassait tendrement, et moi, sûr de l'impunité, je recommençais le lendemain.

« A onze ans j'étais un enfant très robuste, mais aussi ignorant qu'il soit possible de l'imaginer. Mon père, à qui l'instituteur s'était plaint maintes fois, s'émut enfin et me plaça comme interne au petit séminaire d'Ajaccio. L'adieu que je fis à mon père et à ma douce liberté ne s'effacera jamais de ma mémoire, c'est le plus cuisant chagrin de ma première jeunesse.

« Je restai au collège jusqu'à dix-huit ans. Mes études terminées, je repris avec joie la vie de famille. Mon père était pour moi le meilleur des amis; je l'aimais profondément, exclusivement. Mes journées s'écoulaient heureuses et tranquilles, occupées par des promenades à cheval ou à pied dans le maquis, chassant le gibier qui abonde. Le soir je lisais beaucoup, puis je jouais à la scopa, ou je

[1] Jeu de cartes très répandu en Corse.

causais, en fumant des cigarettes, sur la place avec les amis.

« Vint l'heure de servir mon pays. Je partis sans hésitation, sans regret, me considérant vaguement comme un héros. La pensée de défendre ma patrie, de porter le noble uniforme du soldat français m'enthousiasmait, et j'abdiquai en souriant ma liberté si chère pour la discipline des camps; je quittai sans un regret mes montagnes fleuries pour porter le sac sur le dos, manger à la gamelle, faire des corvées à la caserne, et verser au besoin tout mon sang pour notre France.

« Le régiment dans lequel je fus incorporé était le 82e de ligne, qui avait son dépôt à Sens. C'est pour cette ville que l'on me donna ma feuille de route. Je n'avais jamais mis le pied sur le continent; aussi tout était pour moi un sujet d'étonnement. Les cinq ans que je passai dans l'antique cité bourguignogne, charmante et riante d'aspect, me laisseront pour toujours un bon souvenir. Les camarades étaient gais, les officiers justes et paternels. Quand notre service ne nous retenait pas à la caserne, nous parcourions les environs de la ville. La campagne sénonaise est loin d'avoir la grandeur sauvage de nos montagnes corses, où la nature exubérante est seule maîtresse; là le travail a tout asservi, et les riches moissons réjouissent la vue. Nous aimions beaucoup une certaine route de Saligny, qui nous conduisait au sommet de vertes collines. De là on voyait nettement, au milieu de la vallée, les maisons de Sens, groupées autour de la magnifique cathédrale du xie siècle, puis l'Yonne, qui serpentait comme un ruban d'argent, berçant sur ses flots tranquilles de gros bateaux marchands, qui apportaient à Paris les vins de Bourgogne ainsi que les autres produits du commerce et de l'industrie du département.

« Je faisais avec conscience mon métier de soldat, et comme j'étais plus instruit que bon nombre de mes camarades, j'avais le grade d'adjudant au moment de ma libération. Mon lieutenant, qui me portait un bienveillant intérêt, me donnait le conseil d'entrer à Saint-Maixent et de me vouer à la carrière des armes. Je refusai. Vous, Madame, qui voyez ce que je suis maintenant, un bandit, un proscrit, vous trouvez sans doute que j'aurais dû suivre l'avis de mon supérieur? Pourtant je ne regrette rien de ce qui est arrivé.

« J'entre dans beaucoup de détails, Madame, mais puisque vous désirez savoir quel a été mon crime, il faut que je vous explique le motif qui me l'a fait commettre, que vous compreniez quel homme j'étais et pourquoi je suis devenu un bandit.

« Avant de partir au régiment j'aimais la société d'une jeune fille de mon âge dont les parents étaient nos voisins. Pendant mon absence, son souvenir, au lieu de s'affaiblir, se grava plus vivace dans mon cœur. Durant les congés que je passai à différentes reprises au pays, Gracieuse Cozini me parut plus belle encore. Je pensais à elle en quittant le continent, et l'année de mon retour à Sainte-Marie, après les vendanges, M. le curé bénissait notre union.

« Rien ne manquait à notre bonheur; une jolie petite fille nous était née, nous l'appelions Rosine. La maison paternelle, ensoleillée par notre affection, était animée

et joyeuse, lorsqu'un jour, jour de larmes, jour de sang, des
amis vinrent me chercher en hâte. Sur le chemin qui descend à l'église, au fond d'un fossé, parmi les grandes fougères,
mon père, mon pauvre père était étendu, inanimé. La
terre buvait avidement son sang noble et généreux ; il
respirait encore faiblement, mais la blessure de nos stylets
est mortelle. Aux appels navrants de ma voix, qui lui étai'
si chère, au contact de mes lèvres brûlantes sur ses mains
qui déjà se glaçaient, le mourant parut se ranimer; ses
yeux s'entr'ouvrirent, son regard vitreux se fixa sur moi;
par un pénible et suprême effort ses lèvres s'agitèrent.
J'approchai anxieusement mon oreille de sa bouche, et je
recueillis le suprême adieu; puis j'entendis dans un râle
un nom : « Laruggi! » le nom de l'assassin.

« — Oh! mon père, m'écriai-je, sur l'âme de ma mère,
sur la vie de ma fille, sur mon salut éternel, sur le Christ,
tu seras vengé! »

« Comme si le blessé n'attendait que cette promesse
solennelle, ses traits eurent une contraction douloureuse
dernière, et dans un soupir son âme s'exhala. »

A ces lugubres souvenirs Giuseppo s'arrêta, en proie
à une émotion violente. Du revers de sa main il essuya
deux grosses larmes qui s'échappaient de ses paupières
gonflées.

« Vous êtes sensible, Madame, continua-t-il, et vous
comprenez ce que je ressentis en escortant la civière sur
laquelle était déposé mon malheureux père. J'entends toujours les cris de ma femme, les sanglots de ma fille et la
sourde rumeur de la population entière devant la maison
des Laruggi. Oh! cet homme! Tout mon sang bouillonne

quand je pense à son infamie! Pourquoi avait-il détruit notre bonheur? Quel mobile l'avait poussé à accomplir ce meurtre abominable, que rien ne pouvait justifier? La jalousie, Madame, lâche et vil sentiment, qui rongeait le cœur de ce misérable et le rendit assassin!

« Nos familles autrefois étaient à peu près égales; mais tandis que la prospérité et l'aisance régnaient chez mon père, Laruggi, joueur passionné, avait perdu tout ce qu'il possédait. Au lieu de s'en prendre à lui-même de son infortune, le misérable conçut une haine farouche contre son voisin riche et heureux. Le matin du crime on l'avait vu causer, sur la place, avec mon père, qui devait descendre à Grosseto-Prugna ce jour-là; ils cheminèrent ensemble; peut-être y eut-il entre eux une discussion; nul ne l'a jamais su.

« J'ai tenu la promesse faite à mon père mourant. Dix ans jour pour jour après le crime, j'eus la consolation de satisfaire ma vengeance. Dans le maquis qui est à gauche, sur la route, avant d'arriver à Zicavo, j'étais embusqué pour attendre mon ennemi, qui devait coucher cette nuit-là chez le berger Paoli.

« — Garde-toi, je me garde! » lui criai-je.

« Et la balle de mon fusil l'atteignit en plein cœur.

« Voilà ce que, sur le continent, on appellerait mon crime, Madame. D'après nos mœurs, que vous trouvez peut-être sauvages, j'ai fait acte de justice. Laruggi aurait pu vivre libre et content dans le maquis, n'ayant pour châtiment que le remords, ver rongeur que Dieu dépose dans le cœur du méchant. S'il avait été pris les juges l'auraient condamné à quelques années de galère : son forfait

Sur la route de Zicavo.

méritait la mort! Les mânes de mon père criaient sans cesse : « Vendetta! » Le misérable avait répandu le sang innocent; avec un soulagement immense j'ai versé le sien !

« Ma vie dans le maquis a du charme. Le jour, je vais, je viens, je chasse, m'arrêtant aux cabanes des bergers pour prendre mes repas, qui se composent de salaisons, de laitage, de châtaignes, de polenta. Quelquefois je passe mes nuits chez ces braves gens, mais souvent, enveloppé de mon pilone, couché sur un tas de fougère, je dors tranquille sous le profond regard des étoiles, bravant les intempéries des saisons. Les miens ne m'abandonnent pas. Ma femme, ma fille, mes amis viennent souvent me visiter, tantôt à un endroit, tantôt à un autre; ils m'apportent de la poudre, des livres et diverses provisions. Parfois, à la faveur d'un déguisement, je me rends au village. Ma Rosine est charmante, belle, douce; tout le monde l'adore. Je l'ai promise à un jeune homme qui me paraît digne d'elle, et qui l'aimera, j'espère, comme elle le mérite. On le nomme Anton Palondotti. Il y a un an que l'abraccio[1] est célébré, et l'aube qui va paraître précède le jour de leur union. Moi, qui aime ma fille comme un insensé, je n'ai pas eu le courage de rester à l'écart en cette solennité. J'ai quitté avant le jour le maquis, domaine du bandit, et, pressant ma Rosine sur mon cœur, oubliant, fou que j'étais, que

---

[1] Fiançailles. Quand cette cérémonie a été célébrée, ce qui se fait toujours avec pompe, on la considère, au point de vue de la fidélité, comme une union véritable. Si le fiancé vient à mourir, la jeune fille porte son deuil comme une veuve. Rompre un engagement après l'abraccio constitue la plus mortelle offense.

la prison guettait sa proie, je lui promis de la conduire à l'autel. J'ai passé une heureuse journée en contemplant le gracieux tableau des jeunes et beaux fiancés. Hélas! on me découvrit, et sans le dévouement de la petite Mini, qui vint me prévenir à temps, les gendarmes me trouvaient dans ma propre maison. Grâce à vous, Madame, j'ai pu leur échapper. Il ne me reste plus maintenant qu'à fuir et à chercher un abri sur les montagnes, dans les grottes profondes, que j'essayerai de gagner avant le jour. Ma Rosine passera dans quelques heures devant votre maison, dans la calèche des épousés. Hélas! pourquoi suis-je banni? Je ne la verrai pas sous sa blanche parure! Au pauvre bandit il ne reste plus qu'à s'enfuir, à souffrir, mais à bénir toujours la main généreuse qui l'a sauvé! »

Nous étions debout tous deux, dans ma petite pièce mal éclairée par la lueur tremblotante de mon unique bougie, lui triste et résolu, moi cherchant une idée me permettant de rendre ce brave homme heureux. Enfin je trouvai :

« Vous m'avez dit que la noce devait passer après la cérémonie sur la route, devant chez moi. Eh bien! mon ami, je vous garde; vous êtes en sûreté, et des fenêtres de ma chambre personne ne vous verra. Vous pourrez contempler votre enfant et lui sourire au passage.

— Oh! s'écria Giuseppo, Madame, vous êtes un ange! Que Dieu vous bénisse et vous rende en vos enfants le bien que vous me faites! »

Quelle douce jouissance on éprouve lorsqu'il est permis de répandre un peu de bonheur autour de soi!

Au matin je conduisis mon bandit dans ma chambre, dont j'interdis, par prudence, l'accès à mes enfants. Vers quatre heures de l'après-midi, une épaisse colonne de poussière tourbillonna sur la route, puis j'entendis des piétinements de chevaux, et j'aperçus une troupe de cavaliers s'avançant au grand galop, précédant une calèche découverte qu'occupaient Rosine Bastellini, en virginale toilette, et Anton Palondatti, son heureux époux. Tous deux saluaient à droite et à gauche, répondant aux bravos et aux vivats, tandis qu'une pluie de sel, de riz et d'orge leur était lancée de chaque maison, comme souhaits de prospérité. Des fenêtres de ma chambre Giuseppo en jeta une quantité sur la voiture. La jolie figure de Rosine, sur laquelle on voyait une ombre légère d'inquiétude, s'éclaira soudain ; elle salua comme elle avait fait précédemment, pour qu'un œil indiscret ne surprît pas un changement dans son attitude, mais je vis sa main droite monter doucement jusqu'à ses lèvres, et un baiser léger prit son vol vers ma fenêtre ouverte, inondant de joie l'âme du proscrit.

Quand les ténèbres eurent enveloppé la terre, Giuseppo, reconnaissant, sortit discrètement et sans bruit de ma demeure hospitalière. Longtemps je le suivis des yeux, et quand sa silhouette eut disparu dans la profondeur de la nuit je me demandai, troublée, pourquoi cet honnête homme était au rang des parias. Vraiment je crois qu'il a raison: je suis digne d'être Corse; je ne puis le blâmer, j'excuse sa vendetta!

Giuseppo m'a raconté, à propos des mariages, quelques usages locaux. Toutes les femmes du pays sont chez la mariée, assistent et aident à sa toilette. Dans certaines contrées, chaque visiteur lui apporte un foulard, qu'on lui attache sur l'épaule. Chez le marié, les hommes se

rendent en foule, puis l'accompagnent solennellement
lorsqu'il va chercher sa fiancée. De la maison à la mairie
et de la mairie à l'église il n'y a aucune cérémonie particulière; mais, de l'église à l'habitation de l'époux, le cortège s'arrête à chaque porte. Sur le seuil, une femme offre
aux mariés une cuillerée de miel ou de bouillie, et le défilé continue au milieu des cris et des bravos, sous une
pluie d'orge, de riz et de sel venant de toutes les croisées
ouvertes. Lorsque les époux ne sont pas du même pays
on attend au dimanche, une fille ne quittant ses parents
qu'après la messe de paroisse. Les amis du marié orga-
nisent une cavalcade. Chacun monte sur un de ces petits
chevaux ardents et vigoureux qui naissent et vivent dans
le maquis; parmi eux on en choisit un, blanc comme
neige, on l'orne de fleurs et de rubans : c'est lui qui doit
avoir l'honneur de porter au retour l'épousée.

En sortant du village la cavalcade part à fond de train,
donnant à ceux qui restent le spectacle d'une course effrénée. Pour le retour, après les cérémonies d'usage, les
parents de la mariée se joignent en nombre égal à ceux
qui les sont venus chercher, et tous partent joyeux, tandis
que ceux qui restent sont plongés dans la tristesse. A l'entrée du pays, les jeunes gens qui ne faisaient pas partie
de la cavalcade attendent à cheval. En apercevant la mariée, ils crient tous à la fois : *Obedienza!* Cet acte d'obéissance consiste à sortir le pied droit de l'étrier. Puis, sur
un signe de la jeune épouse, tous ces agiles cavaliers exé-
cutent une fantasia à la façon arabe. Devant la maison
conjugale, la mariée met pied à terre, et un instant reste
immobile et silencieuse; puis la porte s'ouvre, et la mère

du marié, ou à son défaut la femme la plus âgée de la famille, présente à la jeune épouse les clefs de la maison et une corbeille remplie de toutes sortes de fruits en signe de bienvenue. Elle dit alors à haute voix :

« Dio vi dia bona fortuna :
Maschi quatro, femina una [1]. »

Alors la jeune femme introduit elle-même la clef dans la serrure et prend ainsi possession de la demeure qu'elle doit désormais habiter.

Aux environs de Cargèse, pendant le festin de noce, les sièges sont proscrits; chacun s'assied sur des sacs remplis de toutes sortes de céréales, fruits ou légumes secs.

Sainte-Marie-Siché, 20 septembre 1800.

De bon matin nous étions dans le maquis pour nous rendre à Zigliara, village distant de Siché d'une dizaine de kilomètres. J'ai horreur des grandes routes, des larges voies faciles; aussi je pris, bien entendu, le sentier raide, escarpé, qui grimpait capricieusement sur l'arête la plus aiguë de la montagne. Depuis trois quarts d'heure à peine nous cheminions, lorsque les personnes qui m'accompagnaient cueillirent une branche d'arbousier, puis se signèrent dévotement et jetèrent le rameau vert au pied d'une croix de bois placée au bord du sentier. Bastien, mon fidèle compagnon, me désigna un chêne vert rabou-

[1]    Que Dieu vous donne bonne fortune :
Quatre garçons et une fille.

gri qui étendait comme à regret de maigres branches décharnées : « C'est le chêne de l'*espousat*, » me dit-il. Sur ma demande, en continuant notre route, il me raconta à voix basse, craintivement, l'histoire navrante que voici :

Liline Pétroli allait épouser Orso Piétri. La jeune fille était belle et bonne, on l'aimait ; sa mère était morte depuis longtemps ; elle vivait à Siché avec son père et ses deux frères. Le fiancé appartenait à une bonne famille de Zigliara. L'abraccio ayant été célébré, presque chaque jour les jeunes gens se voyaient. Tout était prêt pour la cérémonie nuptiale, qui devait avoir lieu le lendemain. Ce matin-là, Orso, se rendant chez sa fiancée, avait pris le chemin ombreux du maquis. Qui peut dire les pensées joyeuses qui se pressaient en foule dans son esprit et dans son cœur ? Que l'aurore d'une vie semble belle, au milieu de cette prodigue et riche nature!... Mais l'ennemi jaloux le guettait, caché derrière le tronc rabougri du chêne vert. Quand Orso passa, confiant et joyeux, à portée du fusil, un coup de feu l'étendit sanglant, mourant. Le meurtrier gagna le maquis, où il est encore : voilà pourquoi, lorsqu'on traverse les endroits solitaires, l'histoire se dit tout bas ; il est inutile de braver le bandit et d'encourir sa disgrâce. La pauvre Liline Pétroli apprit la première la fatale nouvelle. Elle courut au lieu du crime, et les vieux chênes du maquis furent les témoins de sa folle douleur. Quand, sur une civière, le cadavre fut ramené à Zigliara, la maison de son fiancé retentit de ses cris de désespoir. A la veillée funèbre elle dut improviser un lamenti, mais ses forces la trahirent : on l'emporta privée de sentiment. A dater de ce jour une fièvre lente la consuma. Elle quittait rarement son lit et ne sortit plus de sa chambre. Six mois après elle reposait à son tour sur le canapé funèbre; on l'avait revêtue de la blanche parure des épousées. Son âme avait rejoint, dans les sphères éternelles, l'ami qui lui avait été ravi.

Je ne m'explique pas pourquoi ce sentier si joli, si frais dans ce fouillis d'arbrisseaux, si agreste en contournant les blocs de granit qui l'obstruent, si imposant au sommet du col, d'où l'on découvre tout le canton d'Ornano, avec les villages semés de distance en distance, je ne m'explique pas, dis-je, pourquoi cet endroit semble prédestiné pour le crime, voué au malheur. Après le chêne de l'espousat, devant bien des croix je me suis signée et j'ai jeté le rameau vert d'arbousier; jusque dans le village de Zigliara, mêlées aux maisons, au bord du chemin où les enfants jouent, les croix indiquent que la vendetta s'est exercée. Actuellement encore bien des inimitiés divisent le pays. On m'a montré une maison habitée par deux frères et leur famille; une haine farouche les divise, et cette promiscuité journalière attise les mauvais sentiments de leur cœur. Tout cela épand sur le pays une ombre de tristesse; on craint d'émettre une opinion, on parle bas, peu ou point de liberté,... et pourtant Zigliara est un village charmant. Qu'on se figure, à l'abri du figuier touffu, l'arbre biblique symbole de la paix, — quelle ironie! — des maisons de pierres grises, entourées à chaque étage de rustiques balcons de bois. Ces maisons sont bâties au hasard, les unes sur le sommet d'un monticule escarpé, les autres au bord du torrent; elles s'échelonnent ainsi sur un assez long parcours, dominant la mer bleue, qui se fait voir tout là-bas, vers l'orient, tandis que la chaîne de monts se prolonge à l'occident.

Pas de culture, aucun signe du travail de l'homme. La végétation prodigue et luxuriante des figuiers de Barbarie, des cactus s'élance sans contrainte autour des oliviers; le myrte gracieux et odorant pousse en taillis épais.

La franche et loyale hospitalité s'est exercée à notre endroit; nous avons été comblés et choyés par la famille Trombetta, qui nous avait accueillis. Notre retour à Siché m'a laissé un souvenir vivant, inoubliable : il me semblait être dans le domaine du rêve tellement tout ce que je voyais était féerique. Dans toute son étendue la chaîne des monts avait pris une teinte d'un rose idéal, que le pinceau le plus habile ne saurait reproduire. Cette teinte se fondait, se baignait dans une sorte de vapeur transparente si diaphane, si légère, qu'elle donnait l'illusion d'une gaze aérienne déployée devant les yeux des humains pour leur dérober le dernier baiser du soleil à la terre. Sous la feuillée, les oiseaux ne chantaient plus, et avec un grand silence, lentement, le crépuscule s'élevant du fond des ravins jeta un voile sombre sur la magie du déclin du jour. Alors les étoiles s'allumèrent au firmament et la clarté discrète des astres de la nuit nous guida dans l'étroit sentier.

*Bastelica, 22 septembre 1890.*

L'éclat de la grande fête qui a fait vibrer toutes les fibres patriotiques dans les cœurs de la Corse entière a-t-il eu un faible écho au sein de la mère patrie? Le

21 septembre a été le jour de l'apothéose de la plus pure et de la plus grande illustration de l'île : on élevait sur le roc de Bastelica une statue à Sampiero Corso, le héros de l'indépendance corse.

Sampiero naquit en 1498 à Bastelica, village situé au-dessus d'Ajaccio, au milieu de montagnes granitiques de l'aspect le plus sauvage. Il n'était point de noble race, issu au contraire d'une famille pauvre et obscure. Mais les sentiments élevés qui emplissaient son cœur devaient suffire à sa gloire, sans qu'il fût besoin de l'augmenter de celle de ses aïeux.

A l'exemple d'un grand nombre de ses jeunes compatriotes, il alla de bonne heure sur le continent pour y prendre du service dans les armées étrangères. Nous le trouvons à la cour des Médicis en qualité de *condottiere*, capitaine de bandes. Mais cherchant un champ plus vaste à l'activité de son esprit, il alla trouver François Ier, qui le nomma colonel du régiment corse, nouvellement créé. Bayard et Charles de Bourbon devinrent ses amis.

« En un jour de bataille, disait de Bourbon, le colonel des Corses vaut à lui seul dix mille hommes. »

Sa gloire et sa réputation grandissaient, mais il n'oubliait pas son sol natal. Désirant se marier dans son pays il y revint en 1547, et bien qu'il fût sans aïeux, l'orgueilleux Francesco Ornano n'hésita pas à lui donner sa fille unique, la belle Vanina, et avec elle tout le patrimoine des d'Ornano.

Cependant le gouvernement de Gênes, pressentant dans cet homme un ennemi de la république, le fit emprisonner sans aucune raison valable dans la tour de Bastia.

L'ambassadeur de France réclama et obtint de suite la mise en liberté du colonel français; mais la haine que Sampiero nourrissait depuis longtemps contre Gênes s'accrut d'un grief personnel, et l'outrage qu'il venait d'essuyer augmenta son ardent désir de délivrer son pays du joug de ceux qui l'opprimaient. Ce fut alors que le héros se rendit à la cour de France pour demander du secours.

Époux de Catherine de Médicis, et par cette alliance intéressé aux questions italiennes, Henri II consentit à tenter une expédition en Corse; s'il réussissait il atteignait la république et en même temps Charles-Quint, allié de Gênes.

Avant de débarquer, Sampiero avait envoyé dans l'île, pour se rendre compte des vœux de la population, son compatriote Altobello de Gentili. Les Français étaient attendus avec une fiévreuse impatience, l'espoir de leur venue allumait partout une joie sauvage. La tyrannie de Gênes à cette époque était à son comble; se croyant sûre du pouvoir, elle en avait usé en despote, privant les Corses de tous leurs droits. C'est alors que la vendetta prit à jamais racine.

L'escadre française, sous les ordres du maréchal de Thermes et de l'amiral Paulin, avait rallié la flotte turque près de l'île d'Elbe. Leurs forces réunies débarquèrent à la Renello, près de Bastia.

A peine Sampiero se montra-t-il sur les murs, escaladés avec des échelles, que les habitants eux-mêmes lui ouvrirent les portes. Les Génois fuyaient de tous côtés, la conquête ressemblait à une marche triomphale.

Grâce à sa position, Calvi brava toutes les attaques; on fut forcé de lever le siège de cette place.

Sampiero courut alors se présenter sous les murs d'Ajaccio. Bien que les Génois, commandés par Lamba Doria, se préparassent à une résistance désespérée, le peuple trompa leur surveillance et ouvrit la ville à son libérateur. Les maisons des Génois furent pillées, mais les sentiments généreux des Corses ne se démentirent pas, même envers leurs ennemis. Ces lois étaient si sacrées à leurs yeux, que dans cette circonstance un grand nombre de Génois trouvèrent aide et protection chez leurs plus mortels adversaires, dont ils étaient allés implorer l'hospitalité. C'est ainsi que Lamba Doria reçut asile dans la maison de François d'Ornano.

Après une héroïque défense, Bonifacio fut obligée de capituler. Les Génois ne possédaient plus dans l'île que Calvi, toujours fidèle. Dans ce moment de péril, l'empereur et Côme de Médicis se décidèrent à fournir à la république d'importants secours. Le commandement suprême d'une armée de défense fut confié au brave André Doria, alors âgé de quatre-vingt-six ans, sous les ordres duquel combattait Agostino Spinola.

Les choses alors changèrent de face. Bastia se rendit, et les Français durent céder partout le terrain, perdant leurs premiers avantages. C'est que Sampiero, brouillé avec de Thermes, avait été rappelé à la cour de France. Mais, ses calomniateurs confondus, il rentra sur le théâtre de la guerre pour de nouveau s'y couvrir de gloire. Bien que blessé dans une récente affaire, il vainquit à Tenda les Espagnols et les Allemands réunis, en 1554.

Pendant cinq années la guerre fut poursuivie avec le même acharnement. La Corse se considérait comme une province française, avec une organisation indépendante. François II nommait Jourdan Orsini vice-roi, et celui-ci, dans une assemblée publique, proclamait l'incorporation de l'île à la France; le roi ne pouvait y renoncer qu'en renonçant à sa couronne. Mais à peine le monarque avait-il ratifié cette promesse solennelle, que le traité de Cateau-Cambrésis, avec Philippe d'Espagne, en 1559, rendait la Corse aux Génois.

A cette trahison les échos des montagnes retentirent d'un immense cri de douleur; c'était livrer la fière et noble nation, qui avait tant souffert pour être française, à la haine et à la vengeance de ses anciens persécuteurs.

C'est après cet abandon cruel que Sampiero nous apparaît dans toute sa grandeur. Seul, sans aide, isolé de tout secours, il soutint le courage de ses compatriotes, entretint leur zèle et leurs espérances. La Corse, partout ravagée, ne pouvait, livrée à ses propres forces, continuer seule la guerre. Sampiero, pendant quatre ans, déploya une activité infatigable; il se rendit en France à la cour de Catherine, passa en Navarre, s'adressa au duc de Florence, à tous les seigneurs italiens, courut à Alger auprès de Barberousse, à Constantinople auprès de Soliman, cherchant aide et protection pour sa chère patrie. Son air grave et imposant, les sentiments sublimes qu'il exposait avec âme et avec une ardente conviction, inspiraient à tous une admiration et un respect sans bornes; mais on le berçait de vaines promesses, et lui parti on oubliait les souffrances de la pauvre île, perdue au milieu des flots bleus.

Vanina, femme de Sampiero, vivait à Marseille sous la protection de la France, avec son fils cadet; l'aîné était à la cour de Catherine. Gênes, fidèle à son système d'astuce, essaya d'attaquer le héros corse dans ses affections de famille. Elle se servit à cet effet de l'abbé Michel Angelo Ombrane, ancien précepteur des enfants de Sampiero. Cet homme perfide persuada à Vanina que ses fils seraient dépouillés du fief d'Ornano, que la proscription de leur père les atteindrait, et que pauvres, réduits la misère, ils seraient pour toujours bannis de leurs possessions.

Vanina, inquiète, se laissa convaincre. On lui persuada de se rendre à Gênes pour essayer de réconcilier Sampiero avec la république, ou tout au moins pour faire confirmer le fief d'Ornano à ses enfants. La pauvre femme, égarée par son propre cœur, céda à ces insinuations perfides et s'embarqua avec son fils et Michel Angelo Ombrone sur un vaisseau génois.

Antonio de San Florenzo, ami de Sampiero, aussitôt qu'il apprit la fatale nouvelle, rassembla des amis, les arma, et se jetant avec eux sur un brigantin, s'élança, toutes voiles dehors, dans la direction prise par les fugitifs. A hauteur d'Antibes il les rejoignit.

Vanina, ayant le pressentiment d'une poursuite, exigea d'être débarquée. Antonio la rejoignit sur la côte, et au nom de Sampiero et du roi de France remit la fugitive entre les mains de l'évêque d'Antibes, lequel, effrayé de la responsabilité qu'il encourait, la plaça sous la protection du parlement d'Aix, qui s'engagea à la faire respecter. Vanina d'Ornano, la fière insulaire, refusa cette protection.

« Je suîs, dit-elle, la femme de Sampiero; je ne reconnais que sa volonté, je m'y soumettrai. »

Sampiero, blessé à juste titre dans ses sentiments les plus chers, en apprenant la faute de sa femme, quitta la Turquie, où le retenait l'amitié de Soliman, et débarqua à Marseille. Antonio va à sa rencontre et s'efforce de calmer la bouillante colère de son ami.

Pier Giovanni de Calvi, parent de Sampiero, eut l'imprudence de dire qu'il s'attendait depuis longtemps à la fuite de Vanina.

« Et tu as gardé le silence! » lui cria Sampiero.

Aussitôt il le perce de son stylet; puis, sautant à cheval, il court à Aix, au château de Zaisi, où sa femme l'attend toute tremblante. Il la reconduisit à Marseille sans proférer une parole. Personne ne pouvait lire dans cette âme, où bouillonnaient des passions ardentes. En revoyant sa maison dépouillée et déserte, une honte immense l'envahit. Songeant que sa propre épouse était allée avec son fils vers les ennemis abhorrés de son pays, il fut assailli par mille démons, et, saisi de fureur, il tua la coupable.

« Sampiero, dit un historien corse, aimait sa femme avec passion, mais en véritable Corse, c'est-à-dire jusqu'à la vendetta. »

Il la fit inhumer avec la plus grande solennité, puis vint se présenter à la cour. Il y fut reçu froidement, non pas à cause du meurtre de Vanina, qui passa presque inaperçu au milieu des mœurs sanguinaires de l'époque,

Vue de Cauro le vieux.

mais la délivrance de la Corse n'intéressait plus ni le roi ni les courtisans; c'est pourquoi Sampiero prit désormais la résolution de ne plus chercher sa force qu'en lui-même.

« C'est à nous seuls, écrivait-il à ses amis, qu'il appartient de tenter un dernier effort pour arriver au bonheur et à la gloire d'une complète indépendance. Si nous ne prenons les armes que lorsque nous recevrons des secours, longtemps encore notre pays sera esclave. Doria a pu délivrer son pays d'une aristocratie arrogante et tyrannique, et nous, nous attendrions pour nous soulever que les soldats du roi de Navarre vinssent combattre dans nos rangs! »

Le 15 juin 1564, Sampiero débarque dans le golfe de Vallinco avec vingt Corses et vingt-cinq Français; puis il coule à fond les galères qui l'ont transporté avec sa petite troupe. Comme on lui demande où il cherchera son salut si les Génois viennent le surprendre, il répond : « Dans mon épée! »

Il s'empare du château d'Istria et s'avance en hâte sur Corte. Sous les murs de la ville, Sampiero rencontre des Génois; il n'a avec lui que cent hommes, mais si grande est la terreur qu'il inspire, qu'à sa vue les ennemis prennent la fuite. Corte alors lui ouvre ses portes et devient son premier point d'appui. Deux batailles, gagnées successivement à Vescovata et à Caccia, grossirent les rangs de son armée et mirent tout l'intérieur de l'île sous les armes. Les Génois avaient perdu leur général Nicolas Négri; ils le remplacèrent par André Doria, leur meilleur homme de guerre, digne, par sa bravoure et son intelligence, du nom illustre qu'il portait. Les hostilités repri-

rent avec une fureur nouvelle. Les Corses essuyèrent
plusieurs revers, les Génois en subirent plus encore et
furent rejetés sur Bastia. De son côté Doria s'empara de
Bastelica par surprise, réduisit le village en cendres,
rasant jusqu'au sol la maison de Sampiero.

La position du grand homme devenait critique; ses
amis mouraient autour de lui, d'autres l'abandonnaient.
Il tint à Bozio une assemblée nationale. Doué d'un esprit
pénétrant, il voulait donner à son pays, en même temps
que l'indépendance, une constitution républicaine; il
désirait que la Corse, alliée à la France, devînt un pays
libre et fort, comme autrefois Rhodes et Tyr. Il ne brigua
pas le titre de comte de Corse; modeste autant que brave,
son bonheur consistait à s'entendre appeler « Père de la
patrie ».

Sampiero envoya des députés sur le continent pour
demander des secours. Ce fut en vain : on abandonnait
les Corses à leur malheureux sort.

Cependant Doria n'avançait pas. Au contraire, dans le
défilé de Lusimando, ce hardi général parvint à grand'-
peine à échapper à l'ennemi. Sanglant, épuisé, désespéré,
il arriva à Saint-Florent; bientôt après il quitta l'île. La
république le remplaça par l'astucieux Fornari, mais elle
n'espérait plus venir à bout de Sampiero par la force
ouverte. Contre un seul homme, grand cœur et vaste intelligence, aidé d'une poignée de braves, fiers et vaillants
comme leur général, Gênes avait usé toutes ses forces, sa
flotte, ses plus grands généraux, ses mercenaires allemands,
quinze mille Espagnols, avec la marine de cette nation :
tout avait échoué. C'est pourquoi on résolut d'assassiner

l'invincible Sampiero. La république gagna à sa cause les trois frères d'Ornano, cousins de Vanina; elle fit luire à leurs yeux la promesse du fief d'Ornano, qui appartenait aux fils de Sampiero. Les d'Ornano gagnèrent de leur côté Vittolo, écuyer de Sampiero, et résolurent d'attirer leur ennemi dans une embuscade. Le gouverneur Fornari approuva leur plan et en confia l'exécution à Raphaël Giustiniani.

Celui que l'on traquait ainsi était à Vico, lorsque le moine Ambroise, soudoyé par les d'Ornano, lui apporta des fausses lettres dans lesquelles on le pressait de se rendre à la Rocca pour étouffer une prétendue révolte. Aussitôt le héros corse se dirigea sur Cauro avec vingt cavaliers, son fils Alphonse et son écuyer Vittolo. Le traître informa les d'Ornano du résultat de leurs machinations, et ceux-ci, aidés des soldats génois, se mirent en embuscade derrière l'étroit vallon de Cauro, que leur ennemi allait traverser. Sampiero, sans défiance, s'engagea avec sa petite troupe dans le défilé; en un clin d'œil, les montagnes environnantes se couvrirent d'hommes armés. Voyant que son heure dernière avait sonné, le père, résolu à mourir, voulut sauver son enfant. Il ordonna à son fils Alphonse de s'enfuir, de vivre pour le venger et défendre sa patrie.

Pendant que les siens mouraient en braves, Sampiero se jeta dans la mêlée, essayant de se frayer un passage à travers ses ennemis. Tous se précipitèrent sur lui. Longtemps il lutta en désespéré; son visage ruisselait de sang, il l'essuyait de la main gauche tandis que de la droite il se défendait avec son épée. Mais le traître Vittolo, son

écuyer, tira par derrière et Sampiero tomba. Les d'Ornano
lui tranchèrent la tête, qu'ils portèrent au gouverneur. Son
corps décapité resta tout le jour exposé dans le sentier d'Eccica Suarella; il fut enseveli ensuite dans l'église de Cauro.

Ce martyr du patriotisme mourut le 17 janvier 1567,
à l'âge de soixante-neuf ans. Sans aïeux, sans instruction,
cet homme, admirable dans son génie et sa sublime passion
pour son pays, s'est élevé, noble et grand parmi les héros.
Sa pure gloire rayonne à travers les siècles et électrise
d'un enthousiasme religieux tous ceux qui ont au cœur
l'amour du sol natal.

Sainte-Marie-Siché, 28 septembre 1890.

Sur la place du village de Bastelica un roc improvisé,
dérobé au beau granit des montagnes voisines, s'élève
aujourd'hui et domine les maisons du pays, piédestal digne
du héros qui a versé tout son sang pour donner l'indépendance à ses chères montagnes. Le bronze qui fixera
à jamais aux regards des nations futures les traits de Sampiero nous le représente dans le mouvement le plus expres-
sif de l'homme de guerre, le bras droit armé d'une épée
élevé très haut dans un geste vivant de sauvage énergie.

A Paris on est blasé sur les statues; on les prodigue
dans chaque square, à tous les coins de rues; aussi à
peine lève-t-on négligemment la tête pour admirer l'œuvre
d'un artiste de talent. En Corse il faut aller à Ajaccio
pour voir la figure de bronze de Napoléon Ier et la statue
du général Abbatucci. Aussi les montagnards, attirés par la
curiosité de contempler la grande ombre de leur héros,

rendue vivante et palpable, accouraient en foule pour contribuer par leur présence et leur enthousiasme à l'apothéose de la plus pure illustration de l'île.

Le général Couston, gouverneur de la Corse, Mᵉʳ Foatta, évêque d'Ajaccio, les sénateurs et les députés du département, donnaient par leur présence officielle plus d'éclat à la cérémonie. Quand le voile qui recouvrait la statue tomba, des cris délirants sortirent de toutes les poitrines émues; les hommes armèrent leurs fusils dont les coups retentirent, bruyamment répercutés par l'écho des montagnes. La fumée de la poudre, sous un ciel de plomb, planait lourdement, avec une âcre odeur, sur la foule houleuse. Dans les branches des chênes, sur les toits moussus des vieilles maisons, sur le clocher de l'église, des grappes humaines se suspendaient, plongeant un œil avide au sein de cette place, dont l'accès n'était plus possible.

Dans un silence religieux les discours commencèrent. Le sujet était vaste. Pendant six heures on entendit la louange du héros : sous le rapport physiologique et psychologique, comme homme de guerre, comme administrateur, comme martyr de la liberté et de l'indépendance, victime de son patriotisme.

Quand les orateurs se turent, les tambours des troupes battirent aux champs, et une longue file de cavaliers, portant le costume corse du moyen âge, apparut, galopant de toute la vitesse de leurs braves petits chevaux, dans les lacets de la montagne. Ils étaient vêtus de la grosse veste en drap corse, à longs poils; un très long fusil, comme on en avait au xvıᵉ siècle, dépassait de plus d'une coudée leur tête, coiffée du bonnet pointu des montagnards. Les rangs de la foule s'ouvrirent devant la cavalcade qui défila autour du monument. Chaque cavalier faisait faire volte-face à sa monture près de la statue, et lançait majestueusement sur le piédestal de granit une couronne formée de branches de chêne et de laurier entrelacées. Hommage grandiose dans sa rustique naïveté et qui a dû faire tressaillir, sous la froide terre, les mânes du grand patriote.

Cette cérémonie accomplie la fête était terminée. Les gens de Bastelica convièrent, dans chaque maison, les étrangers à un repas plantureux; ces agapes se prolongèrent jusque dans la soirée. Il faisait nuit quand nous partîmes; une de ces nuits claires, calmes, silencieuses, où l'on chemine avec courage sous la pâle et douce lueur des étoiles. En ce pays, à cause sans doute de la grande pureté de l'atmosphère, les constellations qui peuplent les profondeurs des cieux paraissent plus rapprochées de nous, leurs proportions semblent doublées, et le scintillement de chaque étoile donne une émotion causée par leur intensité. La voie lactée traçait une grande traînée lumineuse, tandis que la lune, globe mystérieux, phare du voyageur nocturne, nous montrait suffisamment la blanche route ondulant sur le penchant de la montagne. Des feux follets brillants et mobiles dansaient autour de la croix de bois plantée à l'ombre d'un vieux chêne, sur la demeure dernière d'un trépassé. Du fond du maquis en fleurs, des bouffées d'air embaumé nous montaient au visage:

> Les tièdes voluptés des nuits mélancoliques
> Sortaient autour de nous du calice des fleurs [1].

[1] Alfred de Musset.

Napoléon disait à Sainte-Hélène :

« La Corse a des parfums que je n'ai retrouvés nulle part ; à l'odeur seule, je la reconnaîtrais les yeux fermés. »

Mes enfants, très réveillés par la fraîcheur de la nuit, malgré leur habitude d'être au lit de bonne heure, cheminaient gaiement en compagnie de Mini, charmante fillette de Siché qui sait leur plaire.

Un maquis en feu sur la crête d'une colline nous montra de loin une maisonnette où nous devions faire une halte de repos. Mon beau-frère avait eu la précaution de m'y assurer un gîte. Nos hôtes étaient de très pauvres bergers, dont une seule et unique pièce composait le logis. En vertu de la grande loi de l'hospitalité, cette chambre me fut libéralement offerte ; je couchai Julien et Liline dans le vaste lit de famille, où tout le monde d'ordinaire trouve place. La petite Mini s'étendit comme moi sur un tas de fougères sèches jeté dans un coin. Je ne me souviens pas d'avoir si bien dormi de ma vie. L'odeur saine du feuillage sur lequel je reposais me plongeait dans une sorte d'ivresse, au milieu de laquelle toute trace de fatigue et de courbature s'évanouissaient par enchantement.

Je me réveillai tard dans la matinée ; mes hôtes n'avaient pas voulu troubler notre repos. Ils avaient trait pour nous leurs noires brebis, dont le lait épais et crémeux emplissait des tasses de faïence décorées de grandes fleurs aux couleurs éclatantes.

Et le soleil montait, couronné de rayons. Il illuminait d'un éclat de fête les roches de granit, dont les mille facettes scintillaient comme une poussière de diamant jetée à profusion sur les gros blocs. Les oiseaux chantaient sous la ramure; dans les nids les petits gazouillaient; debout sur ses pattes de derrière, une belle chèvre atteignait avec effort le chèvrefeuille odorant qui s'enroulait autour du tronc élevé d'un orme; dans les ondes rapides du fleuve minuscule les rayons de l'astre-roi se baignaient avec volupté.

Malgré les splendeurs de cette délicieuse solitude, je n'avais pas le loisir de m'y éterniser; mais ne pouvant me procurer un cheval je n'osais pas entreprendre avec mes enfants une aussi longue course à pied sous la chaleur du jour; force était donc d'attendre au lendemain matin pour prendre place dans la diligence qui passe tous les jours à la première heure. Tous ceux qui en même temps que moi étaient descendus de Bastelica avaient depuis longtemps regagné leur village. Heureusement la Providence vint à mon aide. Une voiture descendait la côte au grand trot; assise sur un escabeau grossier, à l'ombre d'un noyer touffu, je regardais vaguement le tourbillon de fine poussière qui blanchissait les arbousiers bordant le chemin, telle une coquette saupoudre délicatement sa peau satinée de l'impalpable poudre de riz. Le véhicule s'arrêta devant la maisonnette, tandis que le conducteur criait à pleine voix :

« *Fratello, un poco d'aquo fresco!* Frère, un peu d'eau fraîche! »

Je reconnus Giuseppo, le boucher de Sainte-Marie; il m'offrit de nous reconduire, et j'acceptai avec empressement.

Sainte-Marie-Siché, 8 octobre 1890.

Notre humble hameau est aujourd'hui en liesse. Tous les yeux sont tournés vers la petite chapelle qui se dresse sur le rocher inculte auquel est adossée ma maison. On s'est préparé à célébrer la fête de sainte Réparate, que l'on honore aujourd'hui, par une neuvaine de prières qui a réuni tous les soirs les habitants de Sainte-Marie et de Siché. Depuis le commencement de la semaine, à peine si nous finissions notre repas, la cloche se mettait en branle. Alors mes nombreux amis faisaient bruyamment irruption chez moi, remettaient en ordre tout ce qui n'était pas encore à sa place, me pressaient, craignant de manquer l'heure, m'aidaient à couvrir les enfants pour les garantir de la fraîcheur du soir; je jetais sur moi une mantille, et nous gravissions dans l'ombre le raide sentier, aux derniers tintements de la cloche sainte.

L'étroite et pauvre chapelle était remplie de fidèles. La lueur vacillante de la lampe du sanctuaire et deux cierges placés sur l'autel éclairaient à demi les contours de la statue pieuse, rigide au fond de sa niche de pierre décorée de fresques naïves. Au bas de l'église les femmes, accroupies sur leurs talons, égrenaient pieusement leur chapelet et répondaient aux litanies; les hommes, debout, massés près du chœur, se tenaient gravement recueillis sous l'œil de la sainte. Après la récitation des prières, le curé et le vicaire entonnaient un cantique en langue corse, que les belles voix pleines des hommes et des femmes continuaient ensuite. La mélodie était large, profonde; les paroles, que je ne comprenais pourtant pas, résonnaient

harmonieusement à mes oreilles. Cette manifestation religieuse, touchante et simple dans cette pauvre chapelle
isolée, au milieu du grand silence de la nature endormie,
avait le don de m'émouvoir, et chaque soir, dans l'ombre
du modeste temple, j'ai pleuré de bien douces larmes...

Ce matin, jour de la fête, de tous côtés la foule affluait.
Dans ma cour, six chevaux sont attachés; dans mes pièces
du rez-de-chaussée, j'ai un arsenal complet de fusils char-
gés; dans un coin des paniers de provisions, des parapluies
de cotonnade, qui servent bien plus souvent de parasols
sous un ciel sans nuage, et derrière cet attirail, se dissi-
mulant honteusement, sept à huit paires de vieux souliers!
Les propriétaires de ces objets multiples sont venus de
loin et sont arrivés juste au moment de la grand'messe
solennelle; sur le bord du fossé ils avaient échangé leurs
chaussures larges et poussiéreuses contre les beaux souliers bien cirés des jours de fête, qu'ils avaient portés le
long du chemin sur leur épaule, reliés ensemble par les
lacets, l'un retombant sur le dos, l'autre sur la poitrine.

Pour assurer la sécurité des objets qui m'étaient confiés,
je donnai un tour de clef à ma porte massive, précaution
habituellement inconnue et complètement inutile en
temps ordinaire. A mon tour j'arrivai pour entendre la
messe, mais l'église étant complètement remplie d'une
foule compacte, je dus rester près de la porte, sous le
grand chêne; les chantres, à ce moment, de leurs voix
sonores et discordantes, ébranlèrent les vitres de la chapelle par un *Kyrie eleison* entonné et répété de toute la
force de leur robuste poitrine.

La quantité d'étrangers que la solennité avait attirée

m'inquiétait pour mes amis, qui avaient forcément un bon nombre de parents et de connaissances à héberger. A ce sujet j'interrogeai la petite Mini, qui me répondit :

« Oh! c'est toujours comme ça; les gens viennent à la fête sans prévenir. On prépare chez tout le monde un gros manger; ma mère, en faisant le pain hier, a fabriqué des calistrons; en revenant de la vigne, j'ai apporté des figues et du raisin; ma tante de Bastelica nous a envoyé par la diligence un gros bruccio, et voilà. »

Dans chaque maison cela se pratique à peu près de la même manière. Ce que Mini appelle un « gros manger » est habituellement un mouton entier pour les familles aisées et nombreuses qui comptent sur beaucoup de visites, la moitié de l'animal chez les moins fortunés. On le prépare de toutes façons, en rôti et en ragoût, avec l'accompagnement obligatoire de riz et de macaroni; on ajoute au festin quelques pièces de gibier et des truites qui pullulent dans les eaux vives des torrents.

A huit heures du soir, pour clore la journée, le chapelet et les litanies de la Vierge ont été récités en commun à Sainte-Réparate. Chaque habitant portait alors en hommage à la sainte une petite lampe en verre allumée, ronde comme une boule, montée sur un pied également en verre et garnie d'huile d'olive. Au détour des chemins, venant de toutes les directions, on voyait des ombres se diriger avec précaution vers la chapelle, garantissant de la faible brise du soir la tremblante lueur de la lampe avec leur main grandement ouverte, que la flamme rendait rose et diaphane. Arrivé dans le saint lieu, chacun se prosternait et déposait dévotement par terre, sur les marches de l'autel, son off... de pieuse. Les lumières en grand nombre, serrées les unes contre les autres, remplissaient tout le chœur. On les laissa se consumer jusqu'au matin.

Un naïf et charmant adolescent, enthousiaste ardent de son pays, me disait tout à l'heure :

« N'est-ce pas, Madame, que notre fête est belle? »

Encouragé par ma réponse, qui concordait avec ses sentiments, il continua :

« Ce n'est pas possible qu'à Paris il puisse y avoir autant de monde qu'à Siché aujourd'hui! Les églises non plus ne peuvent pas être aussi belles que l'église paroissiale de Sainte-Marie! Et l'orgue, Madame, si on l'entendait à Paris! Lorsque M. Pétroli en joue, les sons arrivent jusqu'aux premières maisons du village! Et nos trois cloches, quel carillon pour la grand'messe! »

Pauvres bourdons de Notre-Dame, votre réputation est nulle dans le maquis! Cher enfant, je respecte tes illusions; elles sont le bonheur de l'âme simple et naïve. Sous ton beau ciel, au pied de tes montagnes agrestes, reste et vis en paix : la joie du cœur est là, dans la patrie. Tu as grandement raison, ta Corse est belle! Ne quitte pas ton sol natal dans un rêve d'ambition. Honneurs, fortune, qu'êtes-vous? Chimères! Combien est heureux celui qui naît et meurt dans sa chaumière, au milieu des splendeurs d'une nature prodigue, sous le regard de Dieu!

Sainte-Marie-Siché, 14 octobre 1890.

La saison s'avance dans nos montagnes. Le ciel est toujours d'un azur aussi profond, les nuits également sereines et radieusement étoilées; mais, dès que le soleil a disparu derrière les hauts sommets, après les heures trop courtes du crépuscule, une fraîcheur pénétrante s'étend sur la terre. On a fini les vendanges, qui n'ont pas satisfait les propriétaires cette année. Ils sont habitués, ces enfants gâtés de la nature, à recueillir presque sans travail préalable des grappes de raisin qui atteignent le poids phénoménal de quatre et cinq livres. Malheureusement le phylloxera a fait son apparition dans la contrée.

Les enfants désertent provisoirement l'école de Sainte-Marie pour ramasser les châtaignes, leur principale nourriture; les feuilles des noyers jaunissent et jonchent le sol; dans le maquis, les jolies boules rouges des arbousiers décorent les buissons; les baies éclatantes, gracieusement attachées aux rameaux sombres, pullulent; les grives et les merles en sont très friands. Le nombre de ces derniers oiseaux dans l'île est incalculable; ils sont arrêtés dans leur émigration par la vue de leur nourriture préférée : les baies du myrte, du lentisque et l'olive sauvage. On en prend énormément, dans un pays où tout le monde est chasseur. Ces oiseaux ont la chair délicate, parfumée, savoureuse; on en exporte beaucoup sur le continent.

Les disciples de saint Hubert peuvent se donner ici le plaisir de chasses princières. Il n'y a pas d'ours ni de loups, mais des renards en quantité; ils sont d'une effron-

terie sans pareille. L'animal le plus curieux est le mouflon;
le Jardin des plantes en possède plusieurs échantillons.
Il habite, dans les forêts, les hauts sommets; la vitesse
de sa course est prodigieuse; il tient de la gazelle et du
bélier; son audace est extrême. Pour échapper au chasseur qui le poursuit, il bondit avec une souplesse in-
croyable, se précipitant dans des profondeurs insondables
pour reparaître un instant après sur le versant opposé
du ravin. Pour les prendre vivants, les bergers s'em-
busquent au mois de mai, époque à laquelle les femelles
mettent bas, et prennent les petits alors qu'ils ne savent
pas encore courir; on leur donne la mamelle d'une chèvre,
et les jeunes mouflons s'attachent si bien à leur nourrice
qu'ils ne veulent plus la quitter. La chair du mouflon est
un mets extrêmement délicat. On chasse aussi beaucoup
le sanglier; on trouve des lièvres, des perdrix rouges, des
bécasses, des cailles, etc. etc.

Sur la blanche route, les caravanes se succèdent; on
désigne ainsi les habitants des montagnes qui ont des
propriétés à la plage et qui rentrent dans leur village
après avoir recueilli leurs moissons. Vers le mois de
septembre ils ont quitté leur maison, emmenant avec eux
tout ce qui a vie : les trois ou quatre porcs, au rude poil
hérissé comme celui du sanglier, les chèvres et les noires
brebis frisées, les petites vaches à l'œil calme et tranquille, avec leurs jeunes veaux. Dans les plaines fertiles
qui sont au bord de la mer, les moissons sont riches et
abondantes; les oliviers produisent beaucoup; à peine
connaît-on quelques jours d'hiver dans ces régions for-
tunées, qu'un printemps perpétuel embellit, que des fleurs

embaumées parfument pendant toute l'année, que des eaux rapides rafraîchissent.

Mais il y a une ombre à ce charmant tableau; la côte orientale surtout est affligée d'un fléau redoutable : la *mal'aria* ou mauvais air. Du sein des marais, qu'il serait si facile d'assainir en creusant des canaux et en plantant des arbres, on voit s'élever au-dessus des joncs et des roseaux une vapeur grisâtre, épaisse, principe de fièvres intermittentes, qui donnent souvent la mort et brisent toujours les constitutions les plus robustes et les plus vigoureuses. Aussi les montagnards qui ont des propriétés dans la plaine se hâtent de serrer leurs récoltes pour regagner les hauts sommets, dont l'air est pur et vivifiant.

De mes fenêtres, j'examine curieusement ces caravanes dont la composition est des plus pittoresques : trois ou quatre enfants se tenant par la taille sont juchés sur le même cheval ou mulet, dont la croupe disparaît sous les paquets de hardes, garde-robe de la famille; le père, digne patriarche, ménage ses forces en chevauchant sur un bon et solide coursier; les femmes et les jeunes gens vont à pied, dirigeant les bestiaux avec de longues et minces baguettes.

Je vais faire comme ces braves gens et songer au retour vers mon foyer. Mes braves amis ne me quittent guère; tristement nous parlons de la séparation prochaine. Chaque jour ils m'apportent, en se cachant les uns des autres, des provisions d'hiver : châtaignes, raisins secs, haricots. Ces nombreux colis, s'ajoutant à toutes nos caisses, m'effrayent un peu; mais ces présents, offerts de

9

si bon cœur, me font plaisir, et je serai contente de rap-
porter sur le continent des produits de ma chère Corse.

La vieille Marie sort d'ici pour me faire ses adieux ;
cette excellente femme est un peu sorcière. Pour connaître le passé, le présent et l'avenir, elle verse quelques
gouttes d'huile d'olive dans une assiette remplie d'eau,
et, suivant la façon dont ces gouttes se divisent, elle en
tire des conclusions et des pronostics plus ou moins
justes. Cette façon d'opérer enlève le mauvais œil. Cette
fascination prétendue trouble ici beaucoup de cervelles.
Il y a aussi la fascination par les louanges, dont on doit
préserver les enfants ; aussi il n'est pas rare d'entendre
un père, une mère, dire à un enfant chéri : « Sois maudit,
sois excommunié ! » On fait ainsi un souhait heureux, le
charme opérant en sens contraire. Pour se préserver du
mauvais œil on porte des amulettes, racine de corail.

Je prendrai le bateau dimanche prochain. Tous les
habitants du pays seront à la voiture pour m'embrasser
et me serrer la main.

Elle est finie ma douce et simple vie pastorale, digne
des temps antiques ; je rentre sur le continent civilisé.
Adieu, vieux et beaux arbres si majestueux, maquis fleuri
au parfum âcre et capiteux ; adieu surtout, nuits inou-
bliables, profondes, mystérieuses, dont la contemplation
me ravissait si délicieusement ! Ile sauvage, habitants au
cœur généreux dont la sympathie m'a touchée, adieu !
mais je vous reverrai.

## DEUX ANS APRÈS

31 juillet 1892.

Je suis désillusionnée en visitant Bastia. Cette ville n'a aucune ressemblance avec la coquette Ajaccio. Les maisons sont très élevées, les rues larges et commerçantes. Les personnes avec lesquelles je me suis entretenue sont gracieuses, affables et distinguées. Cette civilisation me déplaît; ce n'est pas la peine de quitter Paris, aussi je me hâte de fuir, de gagner la montagne en jetant un coup d'œil de regret seulement sur les flots bleus de la Méditerranée, sur lesquels se balancent majestueusement les cuirassés de notre escadre, escortés des vaillants torpilleurs.

1er août 1892.

Nous sommes partis de Bastia le matin à huit heures par le petit chemin de fer Decauville, qui se dirige en tronçons coupés dans la direction d'Ajaccio. A Folleli, un mauvais char à bancs, traîné par deux mulets faisant fièrement sonner leurs grelots, devait nous conduire à Stazzona. Sur la route mal entretenue, de grosses pierres qui avaient roulé de la montagne nous causaient des secousses douloureuses. Sans aucun souci des membres brisés des voyageurs, le grave postillon fouettait ses bêtes et passait à fond de train sur les obstacles : nous étions horriblement cahotés et projetés dans tous les sens. Nous suivons dans tous ses contours les bords sinueux et escarpés du Fiumalto, fleuve rapide et peu profond, dont les eaux fraîches et limpides grondent sourdement en se frayant un passage parmi les roches qui obstruent son lit. D'énormes châtaigniers séculaires, au tronc puissant, étendent leurs frais ombrages; ils garnissent toutes les montagnes avoisinantes; la vue se repose délicieusement sur cette verdure. Seul le San-Pédron, vieux rocher dénudé à son sommet, immuable, gris et terne, semble défier les feuilles que chaque année renouvelle, l'eau qui murmure et la poussière du chemin qui s'attache au buisson. De distance en distance la montagne laisse échapper d'une longue et mince fissure une eau précieuse, essence de sucs généreux; les roches en sont teintes tout à l'entour, et cette traînée de rouille se prolonge sous le dôme de verdure jusqu'au Fiumalto.

Stazzona, 2 août 1802.


Stazzona compte à peine deux cents habitants. Dans cette saison, la population est doublée par les étrangers qui viennent boire l'eau d'Orezza. Les braves Corses ne savent pas spéculer sur ces visites qui, renouvelées chaque année, pourraient les enrichir. A des prix fabuleux de bon marché, nous sommes bien logés chez les Anzionni. Le matin nous tâchons d'être matinal, et nous descendons pédestrement à la source; dix minutes suffisent pour faire ce trajet. Un sentier de chèvre dans la montagne nous évite la route poudreuse sur laquelle les chars à bancs roulent en compagnie des jolis petits chevaux corses et des mulets qui amènent des cavaliers. Au fond du ravin, une gracieuse construction à colonnes et portiques s'élève au-dessus de la source; à cet endroit l'eau jaillit de terre et retombe bouillonnante dans une vasque de granit. Quatre belles filles aux grands yeux noirs, au teint mat, aux cheveux d'ébène, sont accroupies près de l'eau bienfaisante; elles remplissent les verres, qu'elles présentent aux buveurs d'un geste plein de noblesse et de fierté.

J'ai retrouvé les radieuses nuits pendant lesquelles, il y a deux ans, j'aimais à rêver. Autour de moi, mes chers petits dorment de leur sommeil d'ange, et d'une étoile à l'autre ma pensée vagabonde se repose, ivre du merveilleux silence, avide de ces splendeurs éblouissantes. Devant mes fenêtres, de l'autre côté de la montagne, j'aperçois le petit village de Cergetto. Sous la blanche clarté de la lune, le clocher dentelé se découpe nettement au milieu des grands arbres; deux ou trois maisons se profilent discrètement, tandis que l'ombre épaisse enveloppe la campagne endormie : c'est un tableau inoubliable. Mais des coups de fusil retentissent en salves répétées; de bruyants vivats leur succèdent; l'écho des montagnes les répercute au loin; puis des feux de joie s'allument sur les sommets : c'est le jour des élections; un conseiller général doit être nommé, et chacun pour son élu se livre aux démonstrations les plus bruyantes. Du côté de Piedicroce les chemins sont envahis, et de temps à autre on décharge les fusils en l'air, signe d'allégresse.

Stazzona, 9 août 1892.

Mes deux mulets nous attendent au bas de la terrasse;
Julien est déjà en selle; on hisse Liline en croupe; elle
se tient raide et fière, ses deux mains mignonnes posées
sur les épaules de son frère. Les bons Corses, qui fument
la cigarette allongés sur le mur en pierres sèches, à
l'ombre des vieux ormes, nous regardent en souriant;
nous nous tenons crânement pourtant, mais ils nous ont
toujours vu faire nos excursions dans la montagne pédestrement, et nous sommes du nouveau pour eux. Notre
guide, le brave Matteo, va, vient de l'une à l'autre bête,
se démène, modère l'une, excite l'autre et nous fait passer
dans des sentiers étroits, escarpés, coupés par d'énormes
racines de châtaigniers et de grosses pierres roulantes.
Les mulets ont du mal à faire tenir leurs quatre pieds
dans un espace aussi restreint; mais les honnêtes et pla-
cides animaux passent partout, connaissent tous les dé-
tours; cela me donne une assurance que je serai bien
loin d'avoir sur un pur sang.

Au-dessus de nos têtes les branches se rejoignent; en
se tamisant à travers la verdure du berceau, les rayons
du soleil perdent leur intensité et nous arrivent poéti-
quement et tendrement mystérieux. Nous surplombons
le ravin où gronde le Fiumalto; là j'eus un moment
d'émotion : un caprice de ma monture la fit s'engager
au-dessus du gouffre sur le penchant du précipice. La
perception très nette du danger ne m'enleva pas mon
calme. Matteo veillait; en deux bonds il me rejoignit et
ramena mon mulet dans le bon chemin. Nous avons bu

un verre d'eau à la fontaine supérieure d'Orezza; celle-ci
a, en plus des qualités de celle d'en-bas, des propriétés
sulfureuses; elle a moins de réputation que sa sœur du
ravin, aussi est-elle bien plus charmante sous sa parure
de fougères naines qui revêt le rocher, d'où elle s'échappe
fraîche et limpide. L'endroit est féerique, silencieux; on
n'entend que le bruit cristallin de l'eau précieuse qui
tombe en mince filet dans un réservoir de granit qu'elle
a teint couleur de rouille, puis lentement déborde pour
se perdre dans le fleuve. Du fond de l'abîme, celui-ci ne
fait entendre qu'un rugissement confus et lointain.

L'endroit est solennel; on se sent ému, oppressé; il
semble que là doit être la demeure mystérieuse du génie
qui distille les sucs de la montagne pour faire revenir
à la vie les pâles anémiques. Va-t-il se montrer à nos
yeux? Mais rien, qu'un jeune mouflon élevé par une
chèvre et qui suit en bondissant sa mère nourrice, aussi
reprenons-nous l'ascension de la montagne. Nous passons
devant un endroit où un crime a été découvert hier :
une femme continentale, venue pour prendre les eaux,
a été assassinée. D'abord tout le monde a frémi à cette
nouvelle: on ne s'attaque pas à une femme, à une étran-
gère; puis, de ce côté-ci de la Corse, on est pacifique; il
y a peu de bandits, ainsi que je l'ai dit plus haut en
traitant cette question : un bandit n'eût jamais commis
un meurtre de cette nature. Aujourd'hui on sait qu'il
s'agit d'un crime passionnel comme ceux dont on lit journellement le récit; il n'y a donc rien de local ni de particulier dans cette affaire sur laquelle je n'insisterai pas.

Au sommet de la montagne, nous mettons pied à terre

à Grenaillo, très belle propriété créée par un médecin pour recevoir les étrangers. Il y a un parc superbe et tout le confortable nécessaire. Tout autour les montagnes se dressent et s'étagent savamment les unes derrière les autres; sur celle qui nous fait vis-à-vis et qui sert de contrefort à de plus hauts sommets, est bâti Stazzona; à côté, sur une autre élévation, on distingue le haut clocher et les maisons grises de Piedicroce, puis Piedorezza, Cergetto, etc. Au milieu des châtaigniers, on voit émerger de la verdure un clocher entouré de quelques maisons; au loin et dans toutes les directions cela se répète : les villages sont tout petits et assez rapprochés. Cela démontre facilement qu'une famille est venue s'établir dans l'endroit de son choix et qu'elle y a fait souche, bâtissant petit à petit des abris pour la couvée qui grandissait. A Stazzona il n'y a en tout que trois familles, tout le monde est parent; il y a de quoi s'y perdre, on n'entend que la même appellation.

Stazzona, 14 août 1892.

Je viens de remonter le cours du Fiumalto presque jusqu'à sa source. Dans l'encaissement profond, étroit de l'eau bouillonnante, nous nous frayons difficilement un passage parmi les énormes roches aux angles arrondis, qui à certains moments nous enserrent et nous masquent toute issue. Maintes fois nous devons gagner la rive voisine, sautant de pierre en pierre, entrant dans l'eau jusqu'à mi-jambes en luttant contre la rapidité du courant. Tout à coup, ô surprise! ô merveille! que ne puis-je rendre fidèlement cet inoubliable tableau! Les rochers qui nous enserrent de chaque côté forment brusquement une infranchissable muraille de plus de trente mètres d'élévation, et, de cette hauteur, le fleuve se précipite en un seul et énorme jet écumeux d'une blancheur de neige. L'énorme masse tombe dans un réservoir où l'eau est si transparente que l'on pourrait compter les galets et les cailloux roses qui en garnissent le fond. Immobiles sur une étroite langue de terre, au milieu de l'eau qui se divise méthodiquement, nous ressentons une fraîcheur délicieuse; pas un souffle d'air ne nous vient d'en haut, de la voûte bleue qui nous surplombe, et pourtant les fougères, les plantes vertes et rares qui garnissent les parois des rochers sont agitées sans cesse dans un mouvement lent et doux; cela provient de la pression de la masse d'eau sur la colonne d'air.

Sans doute, de par le vaste univers, les accidents de cette nature ne sont pas rares, et l'on cite bon nombre de cascades aux dimensions grandioses; mais je recommande celle de Stazzona aux délicats, à ceux qui aiment les beautés cachées. La cascade du Fiumalto, se dérobant aux regards indiscrets, à l'abri des hauts rochers qui l'enserrent, m'a donné l'illusion exquise d'une manifestation du beau pour moi seule. Vous souvient-il du roi de Bavière, s'isolant pour entendre Wagner? Au sommet les chênes ont poussé, et c'est sous leurs ramures sombres que la blancheur vaporeuse du Fiumalto surgit. Les fines gouttelettes rejaillissent sur la roche humide, scintillent sur les bords dentelés des fougères qui se balancent gracieusement comme pour animer et donner la vie à ce petit coin idéal. Que l'on est bien ici! Que j'aimerais y dresser ma tente!

Stazzona, 16 août 1892.

Quand il s'agit de voir un spectacle grandiose, on ne songe point à la paresse. C'est ce à quoi je pensais en chevauchant dans l'étroit sentier escarpé, encombré de grosses pierres roulantes, à deux heures du matin. A la file l'un de l'autre, nos mulets avançaient prudemment : c'était d'abord celui monté par le vieux guide Matteo, puis une fine et jolie bête sur laquelle mon petit Julien se tenait crânement planté; le mien venait ensuite et les autres nous suivaient. Un silence religieux planait autour de nous. Parfois une pierre roulait sous le pied des mulets; le gouffre l'engloutissait sans que l'oreille eût pu percevoir le bruit de sa chute. Le pâle globe lunaire épandait une lumière blanche très douce; les ombres des grands châtaigniers s'étendaient noires, profondes, impénétrables sur le penchant du précipice; l'air était tiède, embaumé de la saveur âcre et pénétrante du maquis en fleur. Nous traversâmes ainsi deux villages endormis : Piedicroce et Campodonna. Des hommes çà et là étaient couchés parmi les hautes fougères, une main retenant la crosse du fusil, le visage tourné vers la voûte étoilée; ils reposaient, rêvant sans doute à l'immensité. Le bruit des pas de nos montures les faisait lentement se soulever; ils voyaient des cavaliers, des amazones; nous souhaitaient bon voyage, et, pacifiquement, reprenaient leur somme interrompu.

Cependant l'heure s'avançait, les étoiles pâlissaient au firmament et une teinte rosée, qui rapidement se colorait des tons les plus chauds, envahissait toute chose. Le chaos de roches où Matteo s'orientait s'illuminait magiquement. Dans les profondeurs du gouffre, le Fiumalto mugissant avait des reflets d'argent. Auprès d'une source glacée où nos bêtes s'abreuvent, les merles et les fauvettes, gentiment, font leurs matinales ablutions; puis ce sont des roulades joyeuses et l'harmonie triomphante d'un beau jour qui commence.

Deux jeunes taureaux, pleins d'une fougueuse ardeur, luttent violemment devant les blanches génisses, qui ruminent avec béatitude les tendres pousses d'un arbousier.

Nous avions mis pied à terre pour prendre un instant de repos avant l'ascension de l'arête aiguë du San-Pedro, qu'une épaisse ceinture de hêtres touffus nous masquait à demi.

Je regardais, charmée, les rayons éblouissants qui embrassaient d'une chaude étreinte les monts et les coteaux, la mer immense, les fleuves et les fontaines, les arbres séculaires et les frêles arbrisseaux. Julien folâtrait près de moi, nos compagnons cueillaient des faînes, découvraient des fraises pourpres et vermeilles, pendant que Matteo serrait les sangles de nos selles pour la dure montée que nous allions entreprendre.

Presque à mes pieds, tout à coup, j'entendis un vagissement, plaintif d'abord, puis plus accentué. Avec surprise, mon regard scrutateur découvrit un amoncellement de pierres indiquant le travail de l'homme. Derrière cette sorte de bâtisse, je vis une porte très basse, seule ouverture d'une cabane ressemblant à un chenil; des cris d'enfant partaient de cet endroit. En me courbant en deux, je me glissai dans l'intérieur où je ne distinguai d'abord que les murailles noires. Mon arrivée, et aussi le rayon lumineux faisant irruption dans le sombre réduit, avait brusquement fait taire le bébé. Je le découvris enfin, rose, blanc, potelé, tout nu sur un lit de mousse et de feuillage; ses grands yeux bleus, incertains, se fixaient sur mon visage attendri. Il était ainsi délicieusement joli et touchant. Je voulus le prendre dans mes bras, quand soudain un aboiement formidable se fit entendre et un énorme chien de berger, au poil rude, grisâtre, vint se placer devant moi, les yeux brillants, la gueule ouverte, découvrant une rangée de crocs menaçants. Au même moment, une belle chèvre rousse se précipitait, affairée, bousculant bêtes et gens, avec l'allure de quelqu'un indispensable, et, s'approchant du lit de mousse, présentait commodément ses mamelles pendantes à son gracieux nourrisson. L'instinct du chien fidèle lui ayant révélé que je n'avais aucune intention hostile, il se coucha soumis, passant doucement sa langue humide sur les minuscules petits pieds roses qui s'agitaient joyeusement.

Alors je regardai le triste logis : rien comme ameublement. Dans un coin, par terre, une casserole rouillée; accroché au mur, un pilone, et pas autre chose.

Le bébé, gorgé de lait maintenant, s'était endormi, et la nourrice inquiète, immobile, pour ne point l'éveiller, me regardait d'un œil craintif et méfiant. Je songeais et me demandais tristement pourquoi ce chérubin pouvait être ainsi délaissé. Mais j'entendis la bonne grosse voix de Matteo :

« Notre Parisienne doit avoir découvert le petit à Jean Toussaint. »

Je sortis vivement pour rassurer mon fils, qui devait s'alarmer de ma disparition, et avoir une explication.

« La mère est morte en lui donnant le jour, » me dit le brave guide en se signant.

Et de loin il me montra un tertre gazonné que dominait une croix de bois.

« Jean Toussaint l'aime, son petit, allez; c'est tout ce qui lui reste! Aussi chaque nuit il couche devant la porte de la cabane. Le jour, il chasse et s'occupe de ses troupeaux; mais l'enfant pour ça n'est pas malheureux; il a sa chèvre et son chien. Plus tard, dans quelques années, Jean Toussaint a le projet de descendre chaque hiver au village, pour que le petit puisse aller à l'école tout comme les autres. »

J'avais le cœur serré. Pauvre petit ermite rose aux yeux bleus! Je déposai doucement sur son front un tendre baiser; je donnai une caresse à la chèvre et au chien, compagnons fidèles, puis je dus m'éloigner et rejoindre la caravane.

Une heure environ après nous étions arrivés au terme de notre course, et, du haut de l'aride sommet de granit, nous dominions toute l'île. Comme une écharpe d'azur, la mer bleue enserrait les côtes. Au loin, les rivages d'Italie s'estompaient sur un horizon d'une pureté sans égale. Les villes et les villages égayaient la verdure des forêts et des maquis, tandis qu'au ciel les alouettes chantaient mélodieusement devant les rayons d'or.

A bord du *Boconiano*, 20 août 1892.

C'est en bateau, en suivant les côtes, que je veux gagner Ajaccio. La mer est admirable, unie et miroitante comme une immense plaque de métal; notre navire glisse sur ses flots sans aucune oscillation, en traçant à l'arrière un sillage long et argenté. Les mouettes et les goélands sont inquiets; ils viennent raser de leurs blanches ailes la proue du *Boconiano,* puis repartent, les curieux, en tournoyant. Pas un nuage dans l'azur du ciel, que la mer reflète fidèlement; il me semble que nous voguons dans un océan bleu, où l'air et l'onde sont confondus. Sur la côte abrupte, les vieilles tours génoises sont placées en vedettes; elles étaient suffisamment rapprochées pour que les signaux pussent s'apercevoir de l'une à l'autre; elles entourent, à intervalles réguliers, toute l'île. Actuellement leur sommet crénelé est le repaire des aigles et des vautours.

La Corse était le lieu de déportation des Romains. Mes compagnons de voyage me désignent Luri, village près duquel s'élève la *Torre di Seneca,* Tour de Sénèque. Le philosophe y resta enfermé pendant huit ans. Cette captivité rendit injuste le maître stoïcien.

« Cette terre, dit-il, ne porte ni arbres fruitiers ni arbres d'agrément. »

Il est facile de constater que cette calomnie ne repose sur rien de sérieux.

On me signale encore le phare de la Giraglia, devant lequel, il y a peu d'années, un bateau de la compagnie Fraissinet, *le Comte Valery,* se perdit corps et biens. On voit encore des épaves qui sont restées accrochées aux récifs.

Le *Boconiano* a fait escale à l'île Rousse, devant les rochers brûlés et incultes qui ont donné leur nom à la jolie petite ville qui augmente chaque année. Nous passons ensuite devant le beau golfe de Saint-Florent, au fond duquel on aperçoit la ville fortifiée. A Calvi, la gracieuseté du capitaine me permit d'aborder, et j'ai pu visiter cette curieuse et pittoresque citadelle qui s'élève menaçante, revêtue d'énormes buissons de figuiers de Barbarie qui ont poussé dans les interstices de chaque pierre. Les rues sont tortueuses et si étroites, que deux personnes seulement peuvent y passer de front. Pas de commerce, aucune animation.

Enfin, à six heures du soir, on signale les Sanguinaires, ces vieilles roches amies, placées en vedette à l'entrée du port d'Ajaccio. Une demi-heure après nous abordions devant la coquette et toujours charmante ville.

L'itinéraire que je me suis tracé étant le même que celui que j'ai suivi en 1890, j'arrête ici ces pages de souvenirs.

### FIN

26757. — Tours, impr. Mame.